［監修］堀田広治　［挿画］松崎直子
［編纂］引揚げ港・博多を考える集い

あれから七十二年

十五人の戦後引揚体験記

旧満洲七話、朝鮮半島七話、台湾一話

図書出版のぶ工房

[装幀]遠藤 薫

『あれから七十三年』発刊によせて

田中仁美 Tanaka Hitomi

私は、昭和四十五年（一九七〇）生まれ。両親でさえ、昭和十九年（一九四四）生まれという、親子二代で「戦争を知らない世代」です。私と戦争との「接点」は、父方の祖父が海軍の上等機関兵曹だったこと。祖父は、戦艦・金剛での任務中にアメリカ軍の魚雷攻撃に遭い、台湾沖で戦死。しかし、私自身は核家族に育ったこともあって、祖父母らの戦争体験に触れることはありませんでした。身内の戦争体験さえ他人事、いや、意識の範疇にもなかったように思います。

そんな私が、「引揚」に向き合ったのは平成二十七年（二〇一五）。当時、外部指導員として関わっていた福岡市内の中学校の放送部で、「戦後七十年」をテーマに番組制作をしたことでした。部員の曾祖母（故人）が、引揚者だったことがきっかけでした。

「引揚げ港・博多を考える集い」代表の森下昭子さんをはじめ、この体験記に寄稿している熊谷佳子さん、倉地弘子さん、山本千恵子さん、松崎直子さん等から伺った話は、平和を享受してきた私たちには想像のつかない内容ばかりでした。しかも、引揚当時の年齢は十歳前後。中学生たちの年代と重なります。「もし、無差別の暴力や略奪の相次ぐ異国の地で父と離れ、母を失い、幼いきょうだいだけで日本を目指すとしたら……。」――過去の辛酸を「我が事」として受け止め、自分たちにいま、できることはなにかを、中学生とともに深く考えました。

一方、私たちが驚いたのは、体験者の多くが、被害者意識ばかりでなく、加害者意識を抱いていたことです。戦前、戦中の国策だったとはいえ、他国や他地域に侵出し、人々の尊厳や誇りを踏みにじったことに対する悔恨の念が語られました。中には、「現地の人たちの長年にわたる苦痛を思えば、引揚の苦しみは当然だった」とおっしゃる方もいました。

番組完成後、視聴した中学校の先生たちから、「義父母が引揚者です。生きているうちに、もっと話を聞いておきます。」「引揚者だった両親は、何も語ることなく他界しました。両親がどんな時間を過ごし、どんな思いを背負ってきたか、ほんの少しわかった気がします。」というお声をいただきました。また、中学生たちからも、「無関心ではいけないことがあると思いました。」戦争は二度としてはならないと改めて感じました。」などの声が寄せられました。これまで関心が持てなかったり、意識下に仕舞い込んできたりした出来事を、我が事として考える機会になったことを嬉しく思っています。

いうまでもなく、体験者の皆さんの高齢化をとめることはできません。だからこそ、「いま」を生きる私たちは、先人から何を学び、未来へどうバトンタッチしていくのか、真剣に考え、行動する必要があります。大きな動きでなくてもいいのです。一人ひとりが、いままで知らなかったことを知り、どうすればいいかを考える。そして、自分にできることをやってみる。その積み重ねが、この先も「戦争を知らない世代」を育てていく一歩になると思います。この体験集が、そのきっかけの一つになることを祈っています。

平成三十年五月十三日

「引揚げ港・博多を考える集い」世話人［たなか ひとみ］

あれから七十三年◎十五人の戦後引揚体験記

［目次］

目次

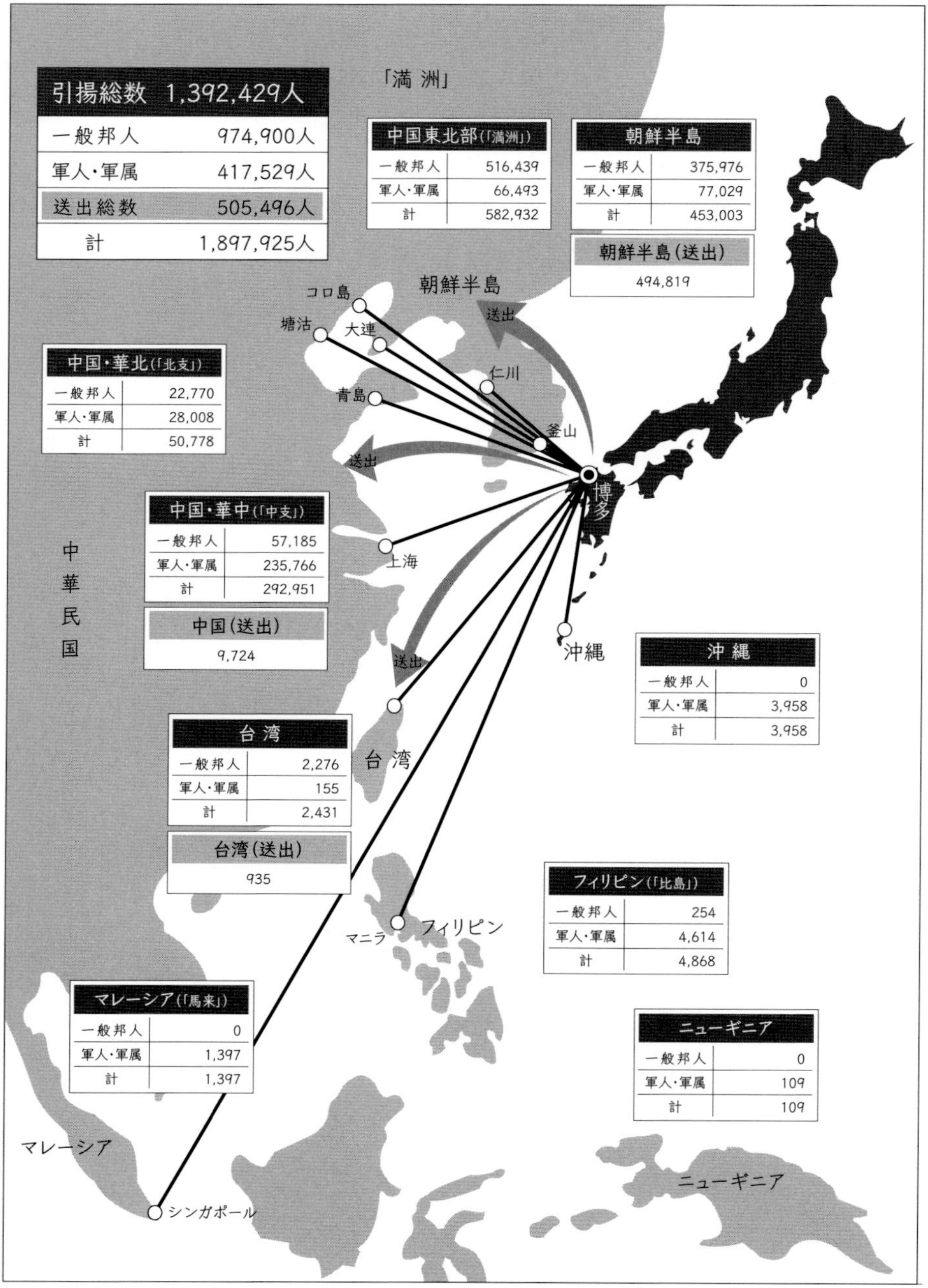

◆博多港引揚及び送出一覧図（厚生省『援護50年史』、福岡市『博多港引揚資料展』他より）

満洲地図

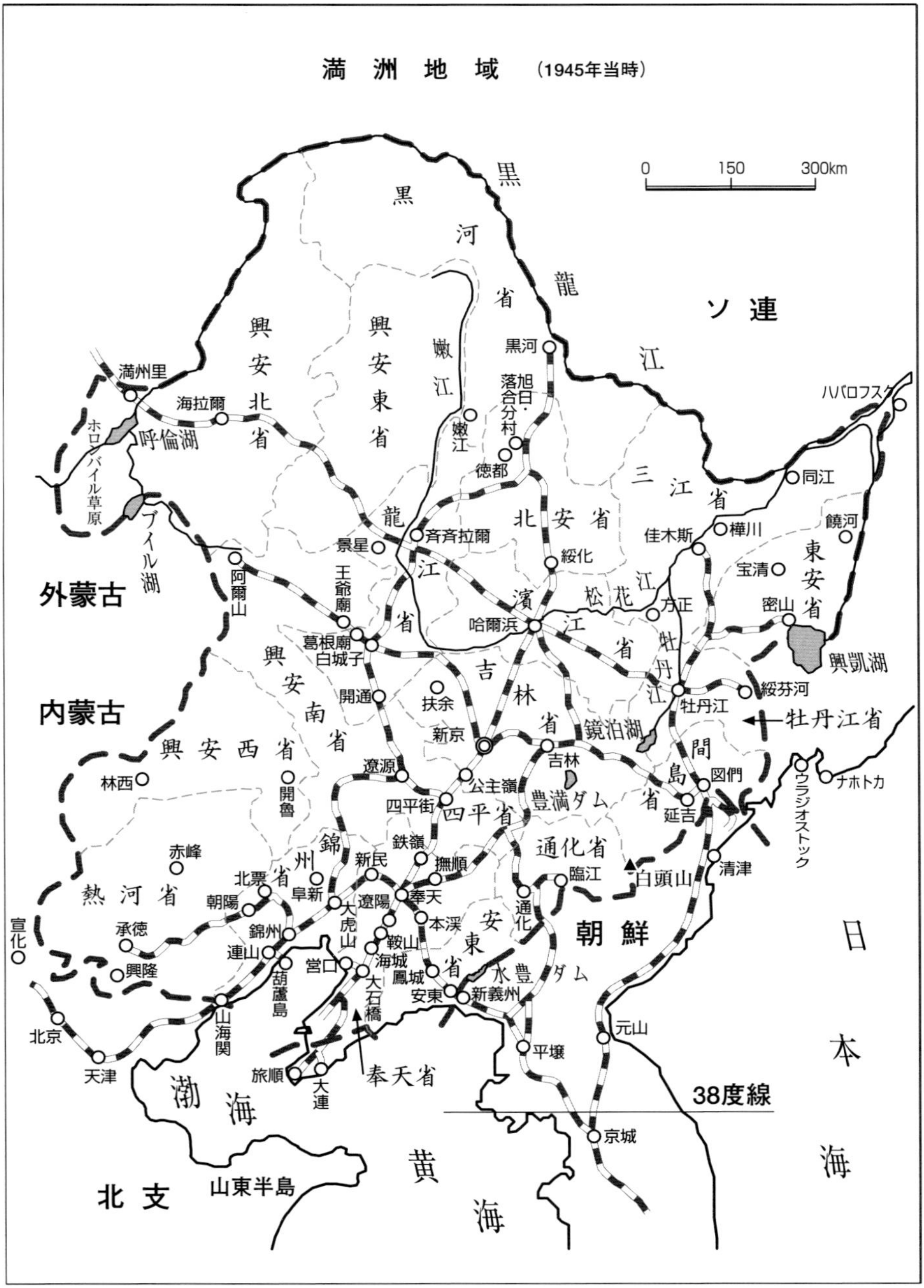

◆「満洲地域」若槻泰雄『戦後引揚げの記録』時事通信社（1995年発行）を参考にして作成した。

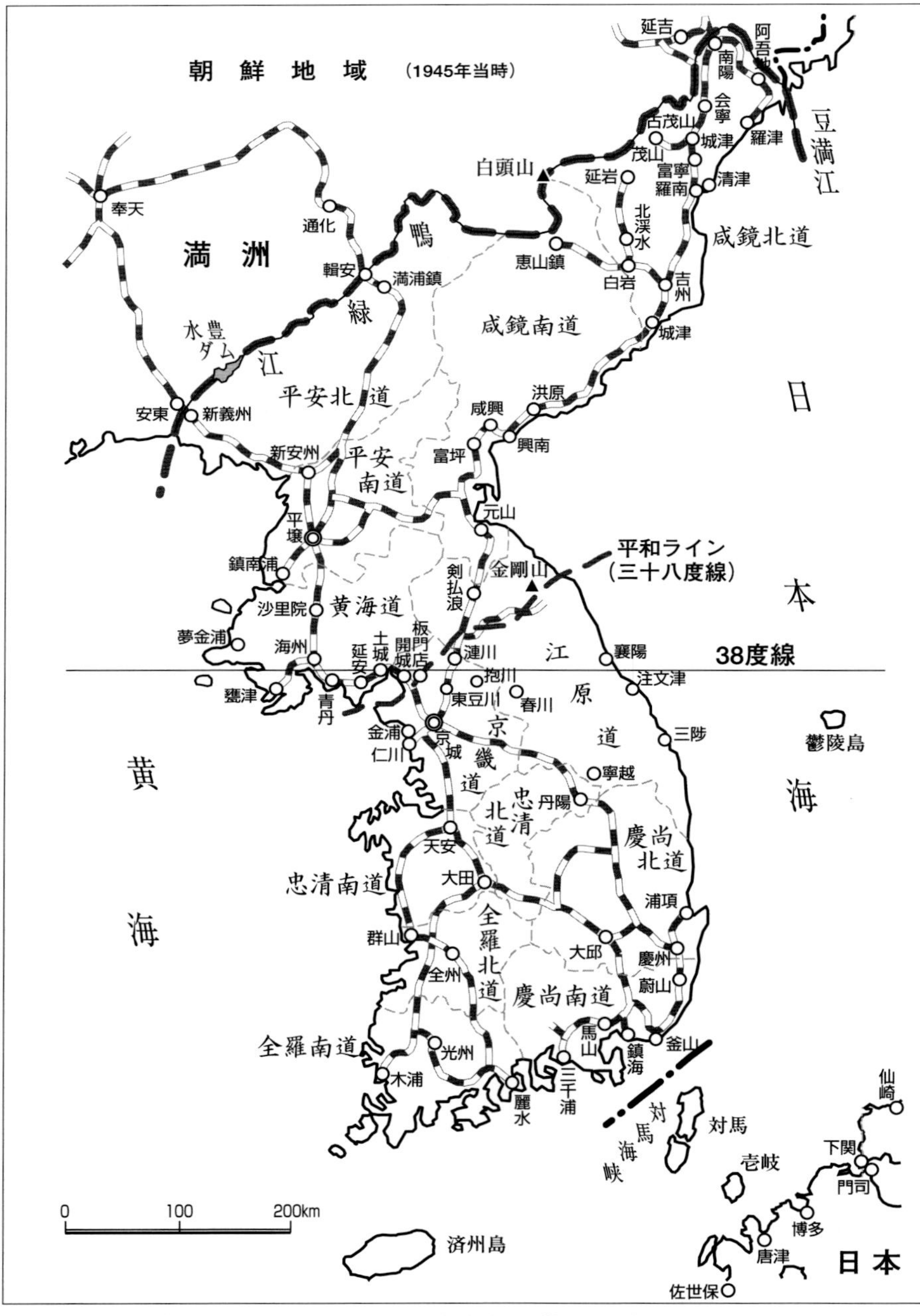

◆「朝鮮地域」若槻泰雄『戦後引揚げの記録』時事通信社（1995年発行）を参考にして作成した。

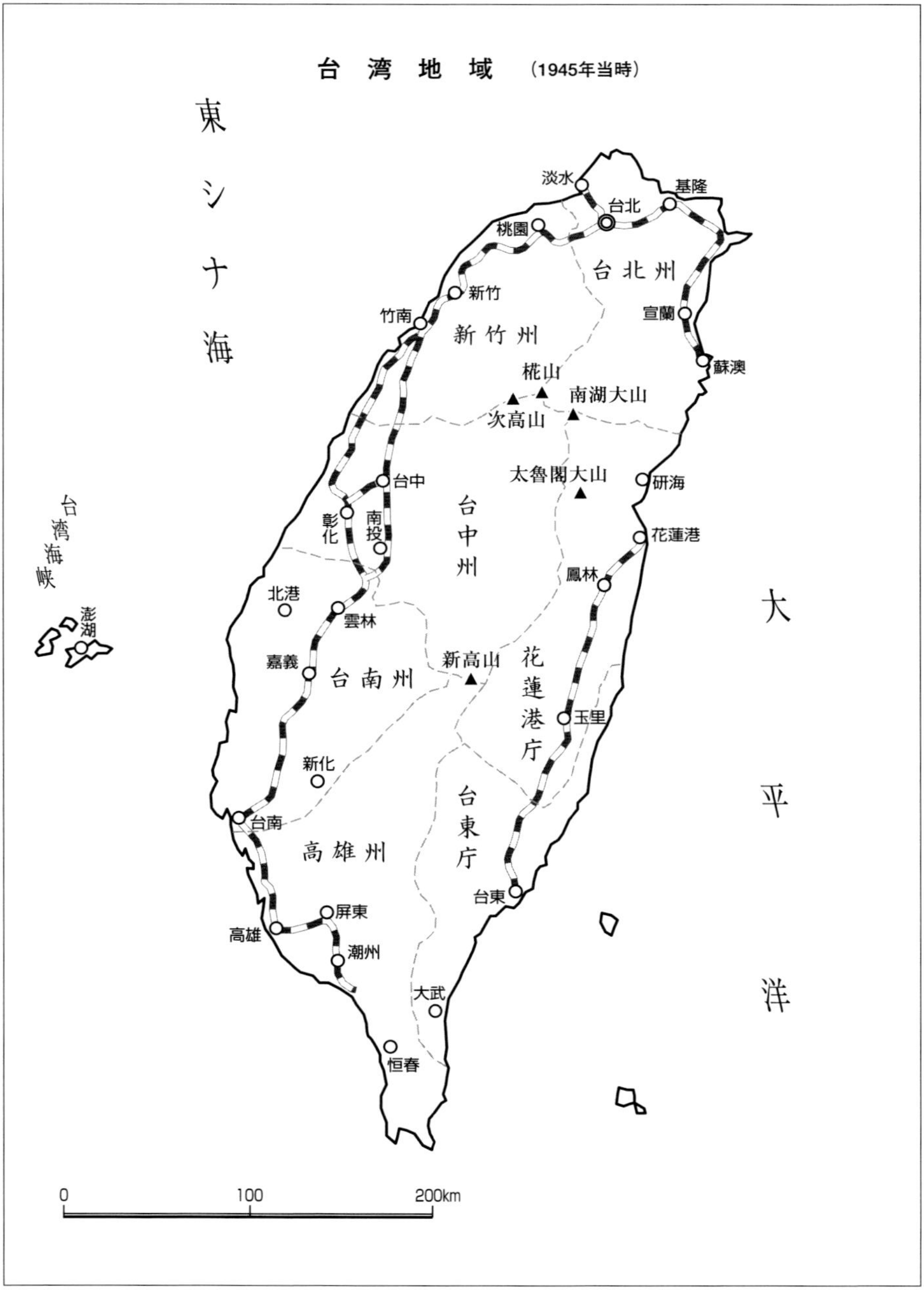

◆「台湾地域」平凡社『世界大地図帳』の台湾の稿を参考にして作成した。

朱いモニュメント（那の津往還に寄せて）

三戸順子
Mito Junko

甲板は人で溢れていた
立てるものは皆背伸びをした

誰かが、見えてくる山の名前を口にした
やまとことばの山が連なる
九州だ祖国だ

「終戦」ハ、アラタナ戦ヒノ始マリ
引き剥がされる
追われる
無法地帯　銃弾　略奪（書けない苛酷）

恐怖と欠乏　寒い冬　飢餓（書けない苛酷）
病気　行列
置き去りにされたもの
命尽きたもの
行列
これは何の巡礼だ
何の科をもって行進しているのだ
生きろ
生きろ
生きろ
生きる決意だけが
重い足を前へと進ませた
無蓋貨車の臭気

やっと乗った船（ここで命尽きたものは水葬される）
嵐と機雷をやりすごし
たどり着いたのは
古代の湊
那の津だ

懐かしい祖国にせよ
初めてみる祖国にせよ
生きる強い決意とともに
帰ってきた
焼かれた故郷荒れた田畑が待っていようとも
苛酷な旅の始まりの終わりに過ぎぬとも

忘れるな

ここに帰ってきた（帰れなかった）
人びとを忘れるな
体験を心に閉じ込め
口をつぐまなければ
とても生きられなかった
人びとが大勢いたことを忘れるな
平和と繁栄は何の上にあったのか
あの日背伸びをして
祖国の影を見つけた人びとのことを忘れるな

彫刻家は、そのモニュメントを朱く塗った
遠くからも見落とされることのないように
見たものの網膜に焼き付くように

詩人［みと じゅんこ］

凡例

一、本書は各話一名ずつ、合計一五名の「引揚」に関する体験記を掲載した。

一、筆者による記述の史的裏付けを取るため、各人提供の写真のほかに、米国立公文書館の資料、藤田道子氏蔵のアルバムの写真資料、のぶ工房蔵の資料を掲載した。

一、また、読者に、よりわかりやすくするために、当時の様子を知る松崎直子氏に、描き下ろしの挿画を依頼して掲載した。

一、今日の時点では民族・人権問題上、不適切な表現も含まれるが、当時の状況や時代背景、考え方を伝えることを重視して、各話の筆者が使用した呼称をできるだけ正確に記すよう努めた。

一、文中の海外地名は、日本読みと海外読みが混在しているが、日本読みは平仮名で、海外読みはその当地の発音を片仮名で表記した。

一、読者が、文中の昭和戦前における海外の地名を理解するため、巻頭に地図を掲載した。既成の地図に適当なものが見当たらなかったため、それぞれの地図に記載の参考図書を参照しながら、のぶ工房が作成した。

一、本書は書き下しが主であるが、初出でないものについては、分かる限り各話の文末に初出を掲載した。

あれから七十三年◎十五人の戦後引揚体験記

episode I

旧満洲吉林省
新京《しんきょう》（シンチン）からの引揚

藤田道子
Fujita Michiko

一、終戦

昭和二十年（一九四五）八月十二日、私の十五回目の誕生日、突然疎開の話が出ました。三日前に、初めて空襲警報が鳴り、国籍不明の飛行機が一機飛んできて、ソ連が参戦した事を知り、周りの社宅は、もう皆どこかに疎開したようで、空き家になっています。

父は、新京（現長春）に残って、母と従弟の和行と私で、会社の本社がある新吉林へ、新京支社の家族だけ、トラックで行くことになりました。母は自分も残ると言いましたが、父に説得されて承知しました。父は死ぬ覚悟をしていたようです。在郷軍人として戦う覚悟をしていたと思います。私たちは夜の闇にまぎれて、新吉林へ出発しました。

新吉林では、一先ず公会堂のような処に入りました。翌日私たちは、父の弟の叔父の家に同居する

◆家族写真　左から兄、私、父、母。［昭和８年頃］

ことになりました。新京を発つとき、父から「母さんを頼むよ」と二千円を渡されました。その時から私は、母と従弟に責任を持つ身になりました。

十五日昼、終戦の詔勅が下されました。

私たちの生活が百八十度変わりました。

一週間位すると、ソ連兵が入ってきました。そろそろ寒くなって来たのに、コートも手袋も無い、イガグリ頭の兵隊達は、それから数日の間に、コートを着て、手袋を着けていました。ダワイが始まったのです。ジープに乗って戸別訪問をするのです。女と見ると容赦なく、私たちは、まず逃げなければなりません。後は家中を荒して、欲しいものを手当たり次第に持って行くのです。兵隊の腕には、腕時計が並び、胸には万年筆がいくつもささっている状態でした。しかし今まで時計を持ったことのない彼らは、ネジを巻くことを知らず、針が止まると次々に捨てていくのです。

◆**家族写真**　新京時代。前列左から母、兄、林の祖母、従弟、叔母、私。後列左から父、叔父。［昭和15年］

◆**兄と私**　新京時代。［昭和７年頃］

◆永安小学校校庭　撫順時代。

◆社宅の前で　日なたぼっこ。［昭和15年頃］

後で聞いた話では、イガグリ頭の彼らは、死刑囚で、戦えば一番に犠牲になると思われていたようです。

その頃、新京から父が来ました。私を見てすぐに頭を丸坊主にしてしまいました。女の子とわかると何をされるか分からないからでした。ちょっと悲しかったけれど、兄の服を着て、男の子になった私は、ご近所の買い物をしてあげて、喜ばれました。

叔父の家は、叔父夫婦とその子、私たち親子、従弟、それに会社の青年団の山本君、二又君が同居していました。山本君はギターが上手で、よく古賀メロディを弾いてくれました。二又君は、夜になると「お母さん」と言って布団の中で泣いていました。

二、新京脱出

工場では、解体が進んでいたようです。

ある日、叔父が私たちを呼んで「実は、解体も終わったので、ソ連軍が、私たちを皆より先に日本に帰してくれる。ただ、他の人達には、拉致されたようにする。姉さんたちも一緒に行きましょう」と言われました。母は、きっぱりと「私は行きません。残ります」と言いました。叔父は「なぜ、いつ新京に戻れるかわからないのに、馬鹿ですよ」母は、きっぱりと、「私は夫の所に帰ります。歩いてでも」と言いました。私は、母の言葉にビックリしながらも嬉しく、改めて母を尊敬しました。

何日か後、叔父達会社の幹部の主だった人たちは、トラックに乗って行きました。皆さんは気の毒そうに見送っておられました。しかし、何日かすると、誰からか真相が洩れ、重役の中に一人だけ断った方がおられたそうです。通訳までいなくなった町は、不安と怒りで大変でした。そのうちに、母がきっぱり断って、残ったことが皆さんに知れ、皆さんから大切にして頂きました。小さな体で、虚弱な母は、肝っ玉だけは大きな人でした。

父は、新吉林のことを心配して、皆のためにお金を工面して持って来ていたようです。

私たちには一銭も置いていきませんでした。

そろそろ懐が寂しくなったので、母がピロシキを作り、私が売りに行きました。母のことを知っている方達が、よく買って下さいました。

お正月二日？　突然、撫順《ぶじゅん》に行く汽車が出ることが知らされました。私たちにも行くように言われ、あわてて荷造りをしました。

正月四日、貨物列車に布団袋と一緒に乗り込みました。

途中で、ロスケ*（ソ連兵）に戸を開けられるかもしれないので、できるだけ静かにするよう言われました。やはり二度くらい開けられたように思います。おにぎりを持って乗ったのですが、凍って食べられませんでした。新京には父が迎えに来ていました。新京で降りるのは私たちだけでした。荷物を持って降りようとする私たちに、父が叫びました。「何も持ってくるな！　殺されるぞ！」私たちは、体一つで降りました。布団袋も何もかも、撫順に行ってしまいました。

＊「ロスケ」は主にソ連兵に対する差別表現で、現在では使用しませんが当時の時代背景を伝えるために本書では原文のまま使用しております。

新京のもとの家に着いた私は、びっくりしました。沢山の人がいるのです。親戚の伯父夫婦、その友達の母子三人、上海から逃げて来て、途方に暮れていた母子と、その友達の六人、それと私たち家族五人、合わせて十六人の生活が始まりました。その時も母は平然としていて皆の世話をしていました。ご飯が足りない時も、黙って食べたふりをしていたのを知っていたのは、私だけだったと思います。

生活は、父が残務整理か何かの仕事で頂いてくるお金が主で、男は外に出ると、強制労働につかまることが多く、運が悪いと、そのまま連行されて、殺されたり、シベリアに連れて行かれたりするので、なかなか外で働けませんでした。父も何度かつかまったそうですが、そのたび、満鉄の社員マークを見せて「俺を殺したら汽車が動かないぞ」と脅したりしたそうです。私は、母や伯母達が毛糸で編んだベビーソックスを売りに行きました。

はじめは日本人がたくさんいる所に売りに行きました。すると中国人が来て、むりやりに奪って行くのです。私は覚悟を決めて、中国人の町に入って荷物を広げました。すると周りに中国人が来て、皆に売って呉れるのです。すぐに売れてしまいました。嬉しくて毎日そこに行きました。周りの人とも仲良くなりました。そのうち内戦が始まりました。政府軍（国民党軍）と八路軍（共産党軍）との戦いです。今と違って、飛行機は政府軍に一機あるだけで、八路軍にはありませんでした。地上戦だけでのんびりしていました。

三、国共内戦

ある日、家のすぐ目の前の酒井ビルの上から、迫撃砲を政府軍が撃っているのを見ていました。ふと、気がつくと裏の方から八路軍の兵士が来ています。その時、ガチャンとガラスの割れる音がしました。見ると、台所の流しの前にいた母の前に、銃剣を持った八路軍の兵隊が窓の外にいて、母は「ああ、びっくりした」と言い、兵隊は離れて行きました。私たちは、急いで床下に逃げ込みました。間もなく二、三人の兵隊が入って来て「この家の二階から、あの追撃砲を撃つので入らせてほしい」と言うのです。私たちは、こっちから撃てば、向こうから撃ち返す。ああ、もうダメ、と思いました。ところが、ちょっと角度が悪いから、と言って出て行って呉れました。命拾いしました。その頃は、外に井戸水を汲みに出ると、頭の上をヒューンと弾がとんでいく音がしていました。

その頃、こっくりさん、と言うのが流行りました。いろは四十七文字を書いた紙を広げて、割り箸を三本束ねたものを二人で持って「こっくりさん！　こっくりさん！　教えて下さい」と言うと、お箸が動いて文字を指していくのです。横にはお供えの油アゲが置いてありました。

私は面白半分に友達と時々やっていましたが、ある日、子供がいなくなったので、こっくりさんに尋ねてほしいと頼まれました。ちょっと真面目になってやってみました。すると「すぐに北大門に行きなさい」と出ました。それを伝えると、すぐに行かれて、さらわれた子供が中国人に荷馬車で連れて行かれるところだったそうです。とても感謝されましたが、私は怖くなって、二度としませんでした。

ある日、社宅係の人が来て、この家に、中国人の偉い人が入るので、すぐ出て欲しい、と言うのです。父が出張しているので、しばらく待って欲しいと頼みましたが、聞いてはもらえず、父の友達に相談して、南新京の社宅の空き家に引っ越しました。アパートの三階で、その家は、畳はなく、二重窓は、内側があれば外がなく、外があれば内がない、と言うような家でした。畳はご近所の方が一枚、二枚と下さり、女子供だけは畳に寝ることが出来ました。

昭和二十一年八月に引揚げる迄その家で暮らしました。その間にも内戦は続き、政府軍が入るとトーチカやバリケード作りをさせられ、八路軍が来ると、皆取り払われ、軍票はその度に、使えなくなったり、おろおろしました。中国人は慣れたもので「又、使えるようになるさ」と平気でした。

日本に引揚げることが決まり、父たちが忙しくなりました。父や父の友人には、中国に残って、協力するよう話が有ったようです。一人だけ残ることになり、あとは断ったそうです。父たち三人は、引揚のお世話をすることになり、地域の方々をまとめて、濱様が団長になりました。

四、コロ島から博多港へ

荷物は持てるだけ、お金は一人千円まで、と決められました。私は、ほとんどの荷物が撫順に行ってしまっているので、写真（バックに建物や景色のない物）と、少年飛行兵で日本に行った兄が集めていた切手と、わずかな着替えを入れました。母は身体が弱いので、でも何も持たないのは周りの人に悪いので小さなリュックに、仏像（観音様等）だけ入れて背負いました。

中には、お母さんが大きな布団袋を背負い、小さな五、六歳の男の子に、私たちが持つような大きなリュックを背負わせて、重くて泣く子の手を引っ張り、引きずるようにしていく人もいて、きっとお父さんは、戦争に行かれたか、シベリアに連れて行かれたのだろうと、涙が出そうでした。

八月二十日頃出発になりました。無蓋貨車に乗り、荷物の上に坐りました。北大営の収容所に入り、そこで船に乗る順番待ちでした。皆で大きな鍋で、ご飯やおかずを作りました。料理上手な方がおられて、美味しいロシヤ漬けまで作って下さいました。後二、三日と言うときに、疑似コレラが出ました。出発は延期になりました。一週間延びたために持ち金が減りました。若い夫婦はお金を使い果たし、父は私たちの分から分けてあげていました。九月に入ってコロ島に行き、乗船しました。貨物船リバティＶ一〇でした。私たちと一緒に、大豆や穀物をたくさん積みこんでいました。船が出るとき、デッキに出て、皆で「さらば満洲よ」を、手を振りながら歌いました。貨物船の船底は、外も見えず、皆ゴロゴロしていました。ひどかったのは食事でした。

一日二食で、湯飲みのような小さな茶碗に、稗《ひえ》のご飯が一杯と、おかずは海藻のホンダワラと干鱈の煮物が小皿に少しだけでした。大人も子供も同じです。お腹がすいて、暇な私たちは、船員さんの食堂を覗きに行きました。ご馳走が一杯乗っているお皿を見て、悲しくなりました。同じ日本人同士なのに、どうして？　という気持ちと、そんなものを覗き見している自分が悲しかったのです。

コロ島を出港して三日目位に博多の沖に着きました。しかし検疫のため、一週間沖に泊められました。毎日甲板に出て、目の前に見える街を見ながら、父は「あそこに見える松の木の向こうに鳥飼があるんだよ」と教えてくれました。

九月十五日に上陸になりました。並んで船を降り、頭からDDTを振りかけられ、荷物の中から写真を見せなければなりません。私は、どきどきしながら、アルバムからはがしてきたのを出しました。アメリカ兵は、パラパラ見て、中の母の写真を見つけると、オオッと言って笑い全部返してくれました。また、並んで行くと、婦人会のたすきをかけた方々が、大きなかしわご飯のおにぎりを一人ひとりに下さいました。

子供にも同じもので、私の側にいた子が「お母さん、お米のご飯だね。皆食べてもいいの?」と言いました。この時の感激は、今思い出しても涙が出てきます。私は毎年九月十五日に、かしわのご飯を炊いて感謝を忘れないようにしていますが、あの時の味には出来ません。収容所に一泊して毛布などをいただき、いよいよ帰る

◆**米兵**　米ご飯のおにぎりの光景。

ことになりました。

五、鳥飼での生活

父はリヤカーを頼み、荷物を乗せて鳥飼まで一緒に走り、私と母と従弟は電車に乗りました。満洲に比べると小さな電車です。汚れた洋服にモンペをはいた私たちは、何となくじろじろ見られた気がします。鳥飼の家は焼け跡で（分かってはいました）近所の方に、大叔母様の避難先を聞き、近くの貸家に間借りしてある家に行きました。

八畳一間で、台所も無い家でした。大叔母様は泣いて喜んで迎えて下さいました。すぐに兄がお世話になっている神奈川の伯母さまに電報を打ち、帰ってきたことをお知らせしました。丁度兄の誕生日でした。二、三日で兄が、とんで来ました。汽車の連結器の所に乗ってきたようです。八畳の部屋に八人の生活が始まりました。お互いに荷物が無いとは言うものの、今思えば随分窮屈な生活でした。手持ちのお金がほとんど無い私たちは早速収入を考えなければなりません。二、三日休むと、父は動き出しました。

朝早く従弟の和政さんと父は、リュックを担いで柳川に行き、沖の端からアサリを担いで帰り、母と私が、割れたのや死んでいるのを捨てて、リヤカーに乗せ、ご近所を売り歩きました。毎日買って下さる方もあれば、戸も開けて下さらない家もありました。しいのみ学園の昇地先生の奥様も、よく買って下さいました。売れ残ると、午後から修猷館から帰った兄と、西新に売りに行きました。地べたにおいて、桝で量って売るのは、兄には辛い事だったと思います。その内、貸していた家が空き、そこに小さな店を開き、売り歩かなくても良くなりました。電車切符と切手販売の権利も取って、間口二間、奥行き一間半の店でした。

父は、男は学校を出ておかなければいけない。勝太郎、和政、和行、三人居るので、すまないが道子は諦めて欲しい、と言い、その代わり洋裁学校に行くといい、と言って、私は進学を諦めました。しかし、ミシンも無しで洋裁学校に通うのは大変でした。手縫いでは、宿題が間に合わず、いつも叱られていました。

店は母と私で主に売りました。売る物もあまりない時代でしたが、食べ物も無い時でしたので、母は蒸し芋を作り、よく売れていました。蒸すのが間に合わなくて、お客様にせかされて可哀そうになることもありました。

二年目に税金が沢山来て払えず、店を閉めました。

父は、満鉄時代からの友人のお誘いで、九州経済調査協会設立のお手伝いをすることになり、私は近所の方のご紹介で岩田屋に入れて頂きました。

その頃、焼け跡に小さな家を建て、やっと落ち着いた生活になりました。

父は、その家で、山羊とにわとり、うさぎ、モルモット。二十日ねずみを飼い、収入の足しにしたかった様ですが、思う様にはならなかったと思います。

六、旧満洲旅行

昭和五十八年春、撫順会の呼びかけで、旧満洲旅行が計画されました。私は参加したく家族に相談し、賛成して貰えました。丁度、春休みの長男が一緒に行って呉れることになりました。イギリス船籍のコーラルプリンセス号で大連に着きました。港に着くと、中国の子供たちが、太鼓や踊りで迎えてくれました。

その頃の中国は人民服で、私たちは派手な衣類は船に残し上陸しました。ゴールデンウィークで、日本はもう暖かく、コートも要らない季節でしたが、大連は少し肌寒い感じでした。埠頭もヤマトホテルも昔のままでした。汽車で奉天に行き、撫順にはバスで行きました。社宅も昔のまま残っていました。私たちは新京まで行くので、又汽車で長春（旧新京）に行きました。戦後、民間人で奉天より北に行ったのは、私たちが初めてだと言われました。社宅も学校もそのままありました。私は、なつかしくて涙が止まりませんでした。

［ふじた　みちこ］

◆女学校時代の藤田道子
名札に「錦ケ丘二ノ二、竹内道子」の記名。［昭和19年］

episode 2

朝鮮半島京畿道（かねうら／クムポ）

金浦からの引揚

「流れの中で——レクイエム」

熊谷佳子
Kumagai Yoshiko

一、めんたいの子

朝鮮で生まれた子供は「めんたいの子」といわれた。めんたいの子である私は、三歳のとき岐阜県の母の実家を整理する際、もう当分は日本に帰ることもないだろうから郷里を見せておこうという両親の配慮で、母の弟である叔父と玄界灘を渡り一度だけ内地に帰ってきたことがある。

数ヵ月の滞在の間、幼い心に焼きついた記憶は、昔庄屋だったという古い家の土蔵の前で目にした光景であった。鎧、冑、槍、刀、農工具など雑然としたものが大勢の人たちによって次々と持ち去られ、今思うと多分競りだったのであろう大声で叫ぶ男の人、雑然とした雰囲気の中を祖母の膝に抱かれじっとその様子を奇異の目で見つめていた。祖母の膝は広く暖かかった。蔵の横に母がよく自慢していた梅の古木があり白い花がそこだけひときわ明るく咲いていたのが記憶に残っている。

叔父は一本の刀だけ持って、最後まで家を守っていた祖母をつれ再び朝鮮に戻った。この時母の父はすでに亡くなっていた。これで母方の兄弟は東京と名古屋で働いている弟二人を除き全員朝鮮に移り住むことになったのだ。昭和八年（一九三三）のことである。

父方は、すでに兄弟全員朝鮮でそれぞれ生活の基盤を築いていた。

◆めんたいの子　生後半年の私［昭和５年10月29日］

二、敗戦・引揚

昭和二十年（一九四五）十二月、朝鮮半島南部（現在の大韓民国）の「京城」（現在のソウル市）から釜山経由で博多港に上陸し、本籍地である岐阜県に、リュックひとつと一人千円を持って家族四人で引揚げた。官立京城女子師範学校尋常科三年、十五歳の時だった。

父母は養子、養女だったので先祖からの田畑は多少残していた。しかし、戦後の農地改革の嵐の中不在地主で田

◆父母　母が自慢していた梅の古木の前で。[大正年]

畑は没収され、十年国債で買い上げられた。父は再三役場で交渉に及んだが新しい法律の壁にはなすすべもなく、遂には村長の前で相手方に手を出したらしい。暴力はいけないことだが父の憤まんやるかたない心情は痛いほどよくわかる。農業だけを人生最後のよりどころとして何もかも失って引揚げてきた父は途を断たれたのだった。このような人情のない土地には居たくないと、翌昭和二十一年、引揚げて間もなく博多引揚援護局に勤務していた父の弟のすすめもあって、再び私たち一家は引揚の地博多に戻ってきた。そして現在の私がある。なんとも因縁のある博多である。故に私の博多に対する思い入れもひとしおのものがある。

父の就職が決まるまで、あの食糧難時代非常に苦しい思いをした、わずかな国債などはあの頃少しも生活の役に立たなかった。たった一つの財産であるリュックの中の母の形見の着物は、次々と食べるものに変わっていった。母は昭和十八年、私が京城女子師範学校に入学した年に亡くなった。

昭和二十二年秋、叔父の世話で公務員として私は就職できた。十八歳の時だ。就職はしたものの世

◆**第２回細野家いとこ会**　福岡市志賀島国民休暇村。［平成２年９月22日］

相は暗く、生活はなお苦しかった。あの頃見た夢で思い出すのは、白いご飯でもなければ、美味しいお菓子の類でもなかった。それは子供部屋のお雛様、棚の中に大事に並べられた人形、友達と交換し合った美しい古裂の入った箱などであった。覚めてむなしい思いはしたが、美しい夢であったことがせめてもの救いであったと今にして思う。

なぜ、父方も母方も全員朝鮮にあって、私たち子供の代までこの歴史的な日本の敗戦、引揚の悲惨な渦中に巻き込まれたのだろうか。戦後七十二年の期に過去の経緯を知りたい気持ちにかられ、子供のころ両親から幾度となく語り聞かされた郷里岐阜のこと、身内のこと、北海道のこと、樺太のことなどを断片的ではあるが遠い記憶を辿ってみようと思う。話題の中心は常に父方の祖父母のことであった。

殆どのいとこは、めんたいの子である。二年毎に各地で「従弟会」を開いていたが祖父への記憶はみな薄れ、また、全く祖父を知らない世代の者もいる。「従弟会」は岐阜県から始まり、各県当番としていたが高齢化となり、最後は岐阜県で終わった。

福岡の当番の際は、大好きな玄界灘に面した志賀島で受け持った。

三、祖父のこと（北海道へ）

慶応二年（一八六六）岐阜県の農家の二男として生まれた祖父金松は、明治元年（一八六八）生まれの祖母こまと、明治十九年（一八八六）に結婚した。祖父の生涯は持前の気性故に波乱に富んだ人生だったらしい。子供の頃より好奇心と開拓者精神が旺盛で剣道も師範代を務めるほどの腕前であった。明治十九年、当時北海道開発に対する国策に進められるまま祖父は近隣農村の二、三男の同志と周囲からは無謀すぎると言われながら、裸一貫で未開の地ともいわれたころの北海道へ結婚後間もない若い祖母をつれ帯広に移住した。そして長い年月を費やして町づくりに奔走し住宅、商店、銭湯まで作り、町としての機能を整え、十勝川の上流と川船による交流は当時活況を呈したという。

祖父は約二十五年の北海道の生活で、十一人の子宝に恵まれた。私の父は二男で銀松と名付けられた。そして札幌農学校の学生時代を過ごしている。

四、祖父のこと（樺太へ／現在サハリン島コルサコフ）

明治三十七年（一九〇四）、日露戦争終了後、樺太の開発が始まると祖父は家族と樺太の大泊へと渡った。祖父はどのような事業をしていたのか聞いていないのでわからないが「ロシア人が馬車で貢物を積んで持って来たのよ」とか叔母から聞いたことがある。

五、祖父のこと（朝鮮へ）

祖父は一応北海道の事業も成功し、地方の名士として留まるかにみえたが、明治四十三年（一九一〇）、日韓併合の翌年、東洋拓殖株式会社の植民地政策に又推挙され岐阜から行動を共にした同志に事業を任せると、現在の韓国ソウル郊外の永登浦に入植した。

入植した永登浦は立地条件が悪く毎年水害に見舞われ、又自宅の火災など不幸な出来事があり今まで順風満帆の祖父もかなりの打撃を受けた。数年後にこの地を見限った祖父は今さら北海道へ戻ることも出来ないまま、ソウルの金浦飛行場のある郊外の通津というところの土地を購入し移り住んだ。当時としては大変な奥地であった。

朝鮮の山々の樹木の少ないことに着目した祖父は、京畿道庁に緑化事業の申請を行い指定苗圃業者となった。広大な土地に大勢の使用人を雇い苗木の育成と、苗木の納入に忙殺されるようになったという。この頃、札幌で農事試験場に勤めていた父は養子先の岐阜の家をたたむと祖父の事業を加勢するため母を伴い朝鮮へ渡った。

さて、祖父は森林事業のみに留まらず仁川沖付近の塩田跡の荒れ地を稲作田に改耕する事業に取り

◆祖父の植林

組んだ。深いヘドロの海に木造廃船を沈め石積みなどの難工事を繰り返したが、一夜の台風で見事に失敗し、銀行融資は断たれ、家財道具には赤紙が張られ、植林事業の収入も差し押さえられる苦境に立った。私の父は岐阜の田畑を切り売りしながら資金の調達をしたようだ。延べ八年の歳月をかけて採算の合わない難工事は完了したが、得るものより失ったものの方が大きかったことが事実のようである。

祖母は明治の女がそうであったように、生涯で大勢の子供を産み育て、夫に従順で環境の異なる生活に愚痴も漏らさず苦労を重ねたようだ。祖父は国のためとの使命感から祖母の身を削るような苦労も顧みることなく一途に事業に専念したという。通津の田舎での祖母は畑仕事に訪れる大勢の朝鮮の使用人たちに常に親切であり、相談ごとにも気軽に応じ慕われていた。あるときライ患者が訪れた際など嫌な顔もせず親身になって石油でうみを洗い、消毒した後薬を張り食事まで与えて帰したり、五右衛門ぶろを珍しがって入りたがるお年寄りを迎え入れたり、更には欲しがるものはできる限り祖父に内緒で分け与えていたらしい。一日の作業が終わると大勢の使用人達は、家の前の大きな井戸のまわりで手足を洗い祖父から一日分の手間賃を受け取って帰ってゆく毎日であったという。これらのことは、大正から昭和と続けられた。

六、大樹倒れる

昭和五年（一九三〇）に私は通津の山の中で生まれ、二年後に妹もこの地で生まれた。祖父は加齢とともに事業も縮小していたし、孫も大勢に増えていた。私の父はその頃金浦の町に出て手広く商業を始め特定郵便局、郡庁の顧問などして活躍していた。

誰いうとなくこの地通津を「山の家」と呼ぶようになり、一族の憩いの場となった。女、子供が学校の休みに入れ替わり訪れ「山の家」は賑やかで自然環境の中で子供時代を伸びのびと過ごすことが出来たし、祖父母はそれが楽しみだったようだ。

この頃になるとさすがの祖父も体力に衰えのきざしが現れ始め、昭和十二年（一九三七）京城の日赤病院で七十三歳の生涯をとじた。私の七歳の春まだ浅き頃であった。

祖父は永い生涯、慶応、明治、大正、昭和の四世代を精魂の限り情熱の赴くまま全力で生き抜き、日本の敗戦を知らないまま他界したが、自分の歩いた道に疑問を感じることもなく納得した一生ではなかったかと思う。今となっては祖父の心中を知る由もないが・・・。

◆**祖父母**［大正年］

祖母は昭和二十年、夢にまで見続けたであろう出生地岐阜に引揚げて二ヵ月余りで七十九歳の生涯を閉じた。祖父より九年余り長生きしたが日本の敗戦という転機は、個人的には朝鮮の人々にすっかりとけ込んでいたのに一部の若手の人々による迫害を受け、精神的負荷は人柄がよかっただけに老いの身にはあまりにもむごすぎた。

叔父はよく言っていた「十八歳で故郷を離れやっと日本に帰り着いたというのに、二ヵ月余りで他界するとはあまりにも気の毒で恵まれない最期であった。親孝行できなかった思いは今でも思い出すたびに胸が熱くなる」と。この叔父も平成七年に亡くなった。

七、ついのすみか

私たち九家族は博多、仙崎に引揚げ全国にそれぞれ生活の場を求めて散って行った。明日はどうなるかわからない荒廃した日本に帰ってきての悲惨な別れであった。十一人いた祖父の子等は全員亡くなった。私の父は昭和四十年に博多で八十二歳で亡くなっている。昔を語り継ぐ者も少なくなった今、もう少し早くいろいろなことを記録しておけばよかったと悔やまれるが、戦後七十三年は自分たちが生きてゆくことだけで精一杯であったように思う。祖父母が国策のため、無一文で郷里を出てからの六十年はいったい何だったのか、そして日本の敗戦によってリュックひとつを財産として引揚げてきた私たち、この事実は、歴史は繰り返すの例えにしてはあまりにも冷酷な現実ではないだろうか。

◆**父**［大正年］

◆**母**［大正年］

暗い戦後のトンネルを抜け日本の高度成長、石油ショック、平成の不況と常に揺れ動く日本の政治経済にほんろうされながら私たちは、ある意味では日本の国策の犠牲者の一人である祖父の精神力、行動力に励まされる思いを抱きながら力強く生きてきた。戦後七十三年、いまわしい戦争のことは次第に風化されつつある中、祖父母の存在は大きな時の流れの中においては極めてちいさなちいさな点のごとき存在であったかもしれないが私たちの原点であった。

祖父がよく口ずさんでいた「空にさえずる鳥の声、峰より落つる瀧の音……」。郷愁の響きさえ感じるこの歌、何を思い口ずさんでいたのだろうか、この『美しき天然』を、祖父母に鎮魂の思いを持って捧げる。

［くまがい よしこ］

episode 3

台湾台北州 台北《たいほく（タイペイ）》からの引揚

秋吉任子
Akiyoshi Atsuko

一、終戦まで

終戦当時、私たち一家八人は、台湾台北州台北市に住んでいた。

父が、台北一中の英語教師として赴任したのは、昭和十三年（一九三八）三月のことである。その一ヵ月ほど前に、父母は三人の幼い息子（六歳、四歳、二歳）と昭和十二年十二月に生まれたばかりの長女の私をつれ、福岡県糸島郡前原町（当時）から台北市に移り住んだ。

最初の住まいは古亭町だったそうだが、私がもの心ついた頃には、台北一中教師の官舎である龍口《リュウコウ》町に暮らしていた。官舎での生活は、同じ学校の教員同士の家族として、助けられたり助けたりの近所づきあいが楽しかったことを覚えている。

例えば、お隣の数学の藤下先生宅で天体望遠鏡をのぞかせてもらい星の観察をしたり、赤嶺先生の

◆**台北** 栄町通りの盛観。日本企業の看板が連なる。［昭和戦前期の絵葉書／のぶ工房蔵］

お宅には、子どもの本が多数揃えられ、よく遊びに行って読ませていただいたりしたものである。

しかし、昭和十九年になると父に四十歳で召集令状が来て丙種合格の老年兵として兵役につくなど、戦局の悪化が世の中を暗くして子ども心に不安だったのを覚えている。「欲シガリマセン、勝ツマデハ！」とか「デマニ乗リ、デマヲトバセバ君モ敵！」などとスローガンを毎日言わされていた。

二、終戦

終戦の詔勅を聞いた八月十五日のこともよく覚えている。防空壕から這い出し、ピーピーガーガーとやたらうるさいラジオから、天皇陛下のお言葉を聞いた。「タエガタキヲタエ、シノビガタキヲシノビ……」の一節は、よくわからないまま心に刻んだ。周りの大人にはそっと泣いている人もいた。

この日を境に町の様子が一変した。私たちは少し離れた南門国民学校へ集団で登下校していたが、その途中、物陰から礫が飛んでくるのである。時には「ニッポンコロ！」と小さく叫ぶ子どもの声がした。戦時中「チャンコロ！」という中国人に対する蔑称があり、私は両親に注意されていて使ったことがなかったが、この一言と礫の多さに、恨まれていることを子ども心に感じた。

長兄は、当時台北一中学二年生で、私たちの疎開先まで学徒動員先の工場などから、日暮れて遠い道を帰って来ていたが、この兄の穴の開いた鉄兜も記憶に残っている。戸外での作業の休憩中、先生の鋭い一声で、鉄兜を外においたまま防空壕にとび込んだら機銃掃射で鉄兜が穴だらけになっていたのだ。

三、引揚が決まって

応召していた父も、学徒動員の兄も戻って来て、日本へ引揚げることになったが、終戦のころは父が英語教師であったため敵性語は不要と職を追われ、官舎ではないところに仮住まいをしていたようだが、このころの記憶は定かではない。ただ、引揚の前に広い大通りに茣蓙《ござ》を敷いて不用品を並べ、現地の人に売っていたことはよく覚えている。そんな茣蓙の列が並び、異様な光景だったが、品物は見ていて、あまり売れなかったようだ。

四、引揚が始まる

昭和二十一年三月、ようやく日本へ帰国する運びになった。私の下に台北で昭和十五年四月に生まれた妹と、同十七年十二月に生まれた弟がいて、家族は八人になっていた。幼い弟妹には荷物もなかったが、他の兄弟は、着られるだけ服を着こみ小さなリュックを背負って着の身着のままに近い状態で出発した。お金は一人につき千円までと制限された。

私たちは、基隆《キールン》港から出る米国の貨物船リバティー号に乗ることになった。港に着くまでは、集結場所の学校の体育館に寝たこともあった。体育館でも驚いたが、港ではコンクリートの床にアンペラを敷いただけの上に大勢の人がぎっしりと坐ったり寝たりしていた。しかしこの頃には日本へ帰られるという期待で、不便、不自由な生活も子ども心にはあまり不安はなかったように思う。

五、出航—日本へ

数日後、いよいよ船に乗り込んだ。貨物船の一番底の船倉に、荷物のようにぎっしりとわたしたちは積み込まれた。仄暗く、窓もない船倉は、居心地のよいはずはなく、私はすぐに看板へあがってゆき、父と並んで去りゆく台湾の島影が見えなくなるまで、小声で「さらば、台湾よ、また来る日まで……」

と、ラバウル小唄のメロディーで歌ってみた。間もなく大海に出ると、船はすぐにピッチングにローリングと激しく揺れ始め、立っているのが難しくなったので、仕方なく船底の暗い隅に戻った。

航海中、私たちに与えられた食べ物は粗末な代用食が多く、大豆の荒く挽いた物や堅パンなど消化の良くない物が多かった。そのせいで、甲板にあるお便所には、たちまち長蛇の列が出来、お腹をこわしても、すぐにお便所にかけ込めないことはとても辛かった。

ある時、日本人の船員さんが、自分たちの船室を見せてくれたが、看板に近い部屋は狭いながらも明るくきちんと整えられ、若い日本人のお兄さん船員がつくづく羨ましかった。

航海の途中、一人の赤ちゃんが亡くなられ白い布にくるまれて、海に投げられたことがあり、船で死ぬと海に葬られると知った。

六、桜の一枝――無事、日本到着

子供心には、とても長く感じられた航海の後、船は無事に日本の港に着いた。父の記録を見ると、昭和二十一年三月ごろに基隆港を出港し、四月の中旬頃に着いたことになっている。広島県の大竹港に着いたのは、桜が満開の季節だったのは、よく覚えている。甲板から見える遠くの山々に白っぽいもやのようなものがあちこちに見られ、それが桜だと母に聞かされた。さあ、上陸と勇み立った一団に待ったがかけられた。天然痘患者が出たので上陸は禁止され、なぜか船員さんだけ上陸した。

◆桜の一枝

ある朝、誰かの呼び声にと誘われて甲板に上がった。広い甲板の中央あたりに、大きな桜の一枝が活けられ、大勢の人々が集まっていた。わたしが初めて見る満開の桜は、青空に映えこの世のものと思えないほど見事で美しかった。大人たちは涙を流していた。余談になるが、私はこの時の影響か人に笑われるほど桜が好きで、庭に今は種類の異なる六本の桜を植えている。

天然痘騒ぎが収まってやっと上陸できた。これで、それぞれの故郷へ帰れると思ったら、今度はまた厄介な事件で収容所に足止めされた。それはある未亡人が、夫の遺骨を入れた骨箱に、宝石類を隠し持っていたことが露見し、改めて全員が身体や荷物の検査を受ける羽目になった。不自由な集団生活がまだ続いた。天然痘の発生とお骨の事件は、起きた時期がもしかすると逆だったかもしれない。しかし、両親に続き、長兄、次兄も他界した今、確かめようもない。

収容所では、食糧不足のせいで、高粱（コウリャン）入りのお粥が少量ずつ配られるだけなので、私たちはいつもお腹をすかせていた。配膳係のおばさんが、あからさまな依怙贔屓をして皆が不満をもらし、母が抗議したこともある。

収容所について間もないころ、若い船員さん（と思う）が、「リンゴの唄」を元気に歌っていたのに、皆勇気づけられた。

七、帰郷

航海に続く長い収容所生活で、着替えもろくになく、入浴はおろか身体を拭くこともあまりできなかった私たちは、虱にとりつかれ痒さに悩まされた。

ようやく帰郷した私たちが、真っ先に受けたのは、頭からのＤＤＴの洗礼であった。自転車の空気入れのような器具で大量のＤＤＴを、真っ白にみんなかけられた。私たちの帰郷の始まりは、ＤＤＴとともに始まったのであった。

［あきよし あつこ］

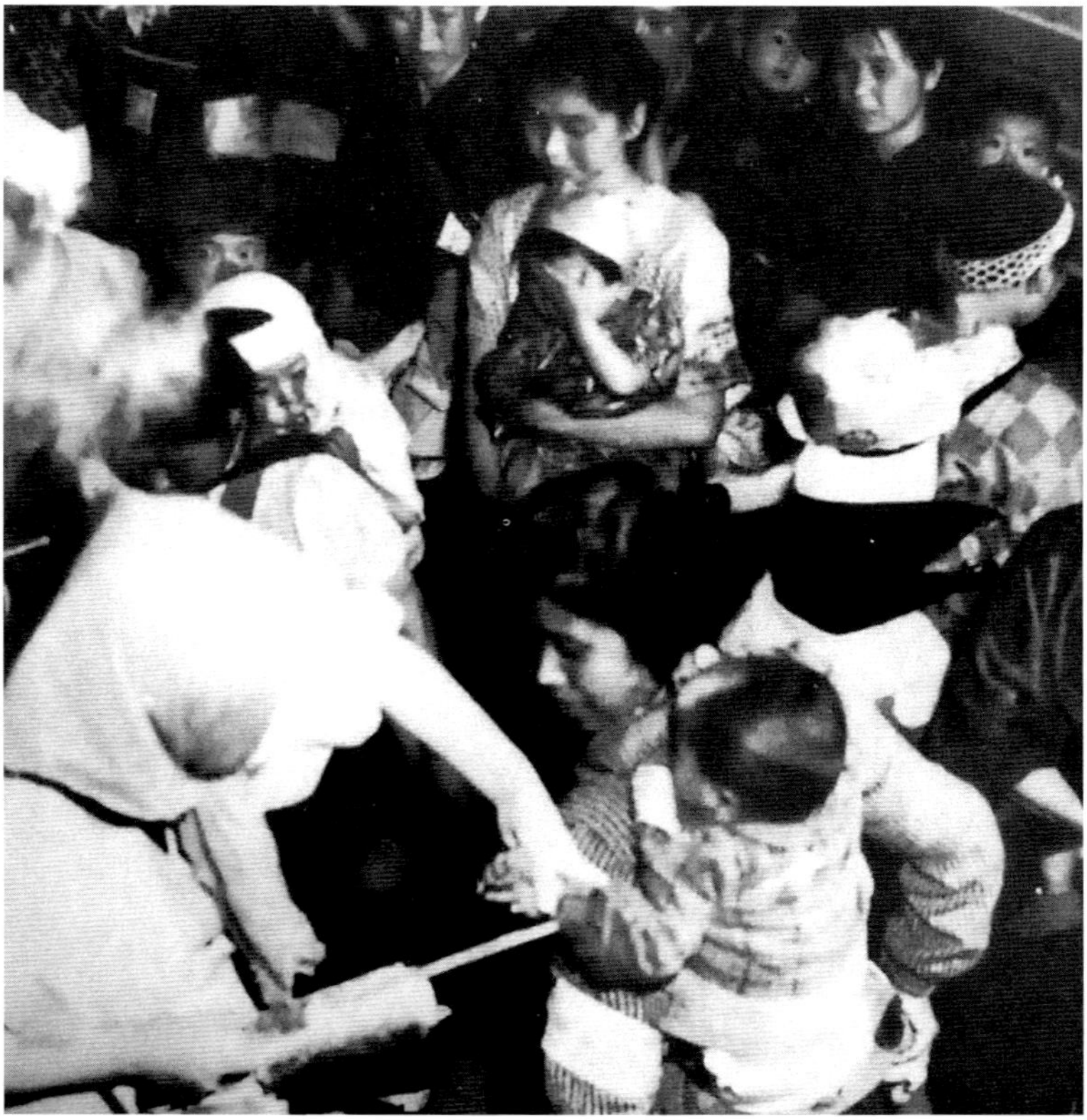

◆ＤＤＴ散布［昭和20年10月10日／米国立公文書館蔵『米軍が写した終戦直後の福岡県』より転載］

episode 4

朝鮮半島京畿道
じんせん（インチョン）

仁川からの引揚

江上邦一
Egami Kuniichi

一、生後六ヵ月の引揚

私は、朝鮮京畿道仁川府朱安で生後十三日目に終戦を迎えました。毎年終戦記念日とともに年齢を重ね、七十三歳になりました。引揚後より四、五歳の頃の悲惨な暮らしは、心の奥に深く残っています。家族十人と幼き頃の写真など一枚もございません。

三年前、国立国会図書館に寄贈された川谷千鶴子氏（長崎県壱岐市）の手記「徒然」に出会い、感動驚愕いたしました。そして私の幼い日の苦難を思い起こさせていただきました。

私が生まれたのは終戦直後の昭和二十年八月二十八日ですから、当時の家族の朝鮮での暮らしの状況や引揚げて日本に落ち着くまでの様子は、両親や家族からの伝聞に基づいて記します。

祖父母は、仁川府の朱安村で農園、果樹園を経営しており、使用人として朝鮮人数百人が働いていたそうです。父は貿易商でした。船具の商いで多大な財産を得て、たいへん裕福な生活であったと聞いています。

敗戦近い昭和二十年五月、父は四十五歳で召集されました。姉二人が朱安駅に見送りました。召集場所は釜山の龍山入道、現在の釜山タワーの周辺だったそうです。敗戦後の九月中旬には自宅に帰還しました。四十五歳にもなって召集されるとは、それほど日本兵の不足が深刻だったのでしょうか。日本の敗戦と共に、家族全員が危険を感じるようになりました。この時、日頃より使用人に対し平等に謙虚に接していたため、植民地時代の仕返しをされるようなことはなく、見守ってもらったと感謝していました。

昭和二十一年二月四日に、家族十人貨車で仁川を発ち釜山に無事到着、釜山港から引揚船・興安丸で山口県の仙崎港に上陸しました。港近くの民家で他人様のご厚意により、家族全員一泊させていただき、感謝に堪えなかったと両親が言っていました。

その後、本籍地の福岡県久留米市に落ち着きました。久留米は日本陸軍の第四十八連隊があったところです。私たち一家は、そのすぐ近くの貸家住まいとなりました。四、五歳時の記憶としてアメリカの駐留軍が銃を担いで指笛をピューピュー吹きながら闊歩している様子を見て、幼い私たちは怯んだことがありました。しかし有刺鉄線越しに、その米兵からチョコレートやガム、ビスケットなどを手招きして渡してくれ、とてもうれしかった記憶もあります。「アメリカの兵隊さん」といっていました。

◆かぶりついたトマト

幼心に貧困が理解できず飢えに耐え、空腹時には山に登り草木の実をとり、湧水を腹いっぱい飲んだりしていました。ある夏の暑い日、空腹に我慢できず、道端の畑に真っ赤に熟したトマトをもぎ取り口に押し込みました。その時、世の中にはこんな美味いものがあるのかと思いました。

家に帰り、シャツにトマトの赤い汁がついているのを母に見つかりひどく叱られました。家から出されて、外でむしろの上で寝ていましたが、全身やぶ蚊に刺されて痛痒くてたまらず、母の胸に泣き崩れました。母はそんな私を強く抱きしめ「食べるものもなくお金もない。腹が減ったからやろうね。ごめんね、ごめんね」と一緒に泣いて許してくれました。「でも、どんなに腹が減ってもよそ様のものを口にしたら、今度はいっしょに死ぬんだよ」と…。貧困の親が子を思う情の深さに、自分が親になり初めてわかりました。

生活のため父と姉は雨上がりの山の沢で沢ガニ取りをして、その沢ガニをつぶして「つぶしガニ漬」にして売っていました。そのほかにも塩くじらやようかんを自転車で販売したり、うどんの麺づくりをしたりしました。母は戦後の闇市でたばこ販売をしていました。

私が九歳の頃、父母は博多に出稼ぎに行き祖父母と私と兄弟が残され、日々の暮らしは尋常ではない貧困に耐えてきました。やがて姉二人は弟妹の飢えのことを思い、自分たち二人を「口減らし」にと早く結婚しました。今でも姉二人にはとても尊敬しています。

昭和二年生まれと五年生まれの二人の姉の話によりますと、仁川で約三万坪の土地、自宅の屋敷、六千坪の資産が一日でなくなってしまいました。犠牲になった方々のために戦争の愚かさを伝えたいと使命感がつのりました。

◆仁川　仁川港内船溜りの関門。［提供：藤田道子］

見過ごされた過去の史実を伝えるのは私たちの意義深い使命だと思います。

終戦直後に生まれたため、当時の記憶がないのが残念と思いますが、その一方では四歳くらいまでの記憶がなかったのも幸福だったのではないか、と思う昨今でございます。

今も世界各国で戦争が続き、難民の人たちが衣食住たるもの、特に食糧事情が厳しく、赤ん坊から高齢老人まで餓死の悲惨さに心痛いたしております。戦後の平和な日本を後世に語り継ぎ、戦争のない世界を一人ひとりが認識して後世に託し、地球上の全世界の人々に幸福が来る日を希望いたします。

［えがみくにいち］

episode 5

旧満洲黒龍江省

景星《けいせい》（ジンシン）からの引揚げ

柳瀬巴水
Yanase Hasui

一、私の敗戦の日

その頃、私は満洲の北部の町「景星」にいた。

景星は戦火の恐怖も食料の不足も知らない台風の目のような静けさを保っていた。

しかし、昭和二十年（一九四五）八月九日「日ソ開戦」を告げるや、情勢は一転し、日本人の命は危険にさらされるまでに険悪なものとなってきた。そのため県下に入植している沖縄開拓団、鳥取県開拓義勇隊、一般日本人は県城内に集結し、夫、副県長指揮のもとに籠城生活をはじめたのである。男子全員は警備につき女子は炊事を担当する。一日中おにぎりつくりに追われ、座るひまなし。

大陸の夏の太陽の直射はきびしい。しかし赤い夕陽となって地平線の彼方に沈むころ、あたりにさわやかな冷気に包まれ、やがて不気味な夜が訪れる。「講堂に急いで集合してください」深夜、緊迫感のこもった伝令の声が次々に伝わる。重苦しい空気が流れている講堂で、私たちは全身を耳にして次の言葉を待つ。やがて副県長から「現在、ソ連軍は怒涛の勢いで進撃を続けています。明け方までには、この県公署にも着くだろうとの情報が入りました。いよいよ最期のときが迫ってきました。わたしたちは日本の勝利を信じてこの地で玉砕します。婦女子は敵弾に倒れるより、わたしたちの手で……。方法は手榴弾。みなさん準備をして次の指示を待ってください」とのこと。かねて覚悟のことではあるが、胸の鼓動ははげしく打ち、口の中がカラカラに乾く。青ざめた顔、硬直した顔、顔、顔。誰も座ったまま動かない。刻々と時間は過ぎる。急がなければならない。

私は死に後れることのないよう、立派な最期が遂げられるようにと心から祈りながら家に引き返す。安らかに夢路を辿っている子どもたちの寝顔が目に入る。涙がとめどなく顔を伝う。早く早くせきたてられる思いで、子どもひとりひとりに死出の晴着に着替えさせる。戦車の音が遠く近く聞こえてくる錯覚に陥る。何分か経った。何ごとも起らなかった。

昨夜の情報もまたデマだったのか。助かった、助かった。長い緊張がホッとほぐれる。こうしたデマと流言の混沌とした情勢の中で、日本の無条件降伏の報が入ったのは二十日頃だったと思う。しかし信じる者はいない。信じたくない。日本に限って負けることはない。すでに無電も壊され一切の交通も途絶し、陸の孤島におかれている私たちは、ますます玉砕の決意は固い。せめて今生の名残りにと慰安演芸会を催す。かくし芸が次々と出る。「たれか故郷をおもわざる」を想いをこめて歌ったのが印象的だった。飛行機の爆音が聞こえてくる。

だんだん近づく。戦闘機とは違う。低空飛行をしているらしい。皆外に出る。ソ連の飛行機だ。笑っている顔がはっきり見える。手を振りながら何回か上空を旋回して飛び去った。気味が悪いが恐ろしさより、くやしさが先にたつ。うち落としてやりたい。

猛り狂う大風。たたきつけるような大雨も静まって二十三日を迎えた。朝食をしているところへ歩哨の二人が、あわただしくソ連軍の近づいたことを告げる。城壁の外で待機しているソ連兵の顔が目に入る。口々に何かしゃべっている。暫くして固く閉ざされた門は開放され、続々と構内に入ってくる。直ちに男子は全員集合のうえ武装解除。そして数時間後には引揚げ開始とのこと。私たちは日本の敗戦をこうした現実の姿によって知ったのである。

不安、恐怖、残念。この時の感情を表すことばを私は知らない。副県長の白髪がひときわ白さを増す。私たちは、かねて用意していた荷物と子どもたちを大車に乗せ、義勇隊の若者に護られながら整然とこの地を出発したのは正午前であったろうか。昨夜の雨で道はぬかるみ、車も人も遅々として進まない。果てしなく広がるコウリャン畑の中を黙々と進んでいく。一キロメートルくらい行ったとき、匪賊だーっという叫び声。

いる〱。丸坊主の頭が畑の中からみえ隠れする。次第に多くなる。手に手に大きな鎌を持ってジリジリと襲ってくる。こちらは隠し持っていた手榴弾を投げつける。鎌と棍棒での突き合いが始まる。

◆コウリャン畑、匪賊との戦闘

つき殺してきたと血のついた出刃包丁を見せる若者。一目散に逃げる大車、右往左往する車、子どもを車から引きずりおろす母親。

ビューン、ビューン、弾がとんでくる。銃を持った匪賊の襲撃だ。双方に死傷者を出しやっとしずまる。「副県長がやられた」という声を耳にしたのは、暫くしてからだった。一発の弾が致命傷になった。匪賊のしつこい襲撃に悩まされながら、チチハルまでの昼夜をわかたぬ逃避行は続いていくのである。

いまわしい悪夢のような数々の思い出を持つ私は、戦争は勝敗の如何にかかわらず、名もない多くの人々の苦しみ、悲しみ、測り知れぬ犠牲を余儀なくすることを忘れてはならない。平和こそ人類最上の幸せであることを固く信じ、いかなる理由づけをされようとも、絶対に戦争反対を叫ぶ。

（一九七〇年夏、記す）

［やなせ　はすい］

episode 6

旧満洲黒龍江省
けいせい（ジンシン）

景星からの引揚

柳瀬文恵
Yanase Fumie

一、敗戦—父の遺言状

私は、昭和十五年（一九四〇）満洲国承徳で生まれました。

父の仕事は満洲国の官吏でした。延吉、新京、錦州などの県を転々とめぐり、敗戦のとき昭和二十年（一九四五）八月十五日私は六歳で黒竜江省景星県にいました。父は景星県副県長の立場にあり、邦人を率いて帰国させる任務がありました。満洲では、県長は現地人が就き副県長は日本人で実権は日本人が握っていました。景星県の邦人は、鳥取県義勇隊八十一名、沖縄県開拓団百十名と日系公署職員家族百二十九名、全員で三百二十名（叔母柳瀬道子の記録）とあります。

ソ満国境に近い景星県では、敗戦を前に無線が壊されデマが飛び交い正しい情報が入らなかったのです。しかも景星県の財政は逼迫していて、満洲系職員への俸給は現金がなくアヘンを二年分渡したところ、日本の弱体化を察知した満洲人はみんな逃げて行った（叔母の記録）とのこと。

満洲では昭和七年（一九三二）「アヘン法」を公布し吸引を禁止したが、いきなり止めると中毒症にかかるとして「治療上必要のある者」に限って登録させ販売を許可した。アヘン専売の売上金は国家予算に占める割合の四〜五％だった。アヘンは高価で値段の変動がなく通貨同様に見なされていた。

このような状況の中で父は、昭和二十年（一九四五）八月十二日付で決死の覚悟で遺書をしたためています。日本に残している義母寺田ミサヨと長男顕介（十二歳）、長女和恵（十歳）宛てのものです。

寺田母上様

決死時間ノ問題デス　子供ダケ助ケレバ　助ケラレルガ無理デス　皆様ト一緒ニ死ニマス　悠々タル気持デス　神様ニ感謝シマス　天ニ在リテ親子仲良ク母上様　健介　和恵ノ幸福ヲ祈リマス　ドンナ逆境デモ　神様ヲ信ズレバ不幸ナシ　天皇陛下万歳　神ハ不滅々々　御奮闘ヲ祈リマス　長年ノ御恩感謝々々

十六歳以上ノ男児ヲ以テ景星県防衛軍ヲ編成　蘇聯来襲ニ備ウ　然共　彼等ニ新鋭ノ武器アリト思慮サレ　我ニ小銃ノミアリ此ニ於イテ　決死玉砕ヲ期ス　今　父ハ満洲建国途上ニ在テ護国ノ鬼

トナル、父ニ伴ウハ母ハスイ始メ　宣子　文恵　紘子　龍介　樫介　ソレニ加ウルニ道子　浩一郎
ナリ　共ニ天皇陛下万歳ヲ三唱シ玉砕ス　幼児ノ笑顔ヲ見ルニ断腸ノ思イ在リ　満系有力者カクモ
ウテアゲルト　再三再四云ウモ之ヲ　拒絶シ幼児迄玉砕ス
顕介　和恵　二人共父母弟妹無キ孤児ナリ　二人亦　別々ニ就学シ　此ノ悲報ヲ知ル由ナカルベ
シ後　二人集マリテ父ノ最後ヲ語リ合ヒ　我等ガ日本ノ為　満洲建国ノ為即天皇陛下ノ稜威ヲ　発
揮スル為ニ死シタルヲ知レヨ　父母始メ弟妹一同　祖母ト二人ノ安ラカナル将来ヲ祈リ止マズ　孤
児トシテ非常ナル苦労アランモ　祖母ヲ信頼シ　祖母ナキアトハ真志男又ハ万田ノ祖母アリ　然共
万田ノ祖母トハ面識モ少ナケレバ賀谷一家ヲ頼レヨ　又廣島ニ柳澤好秋モアリ　伯父巴洲ハジャワ
ニ在リテ生キテアラバ幸甚ナリ　自ラヲ信ジ神ヲ信ジ　明朗ニ人生ヲ送レ　神ハ如何ナル運命ヲ
汝等ニ与ヘ賜ウカ　父ハ　天国ニ在リテ子等ノ前途幸福ヲ祈ルノミ　書カントスレバ綿々ノ情発
シ男子ノ腸断タントス　天皇陛下万々歳　顕介　和恵シッカリヤレ
　昭和二十年八月十四日　　　父　柳瀬正観

最後に父は、吉田松陰が処刑を前に詠んだ句に自分の気持ちを託しています。

　親思う心に勝る親心今日のおとずれ何と聞くらん

死所　黒龍江省景星県　　柳瀬正観・四十三歳　巴水・三十六歳　宣子・八歳　文恵・六歳

紘子・四歳　龍介・三歳　樫介・一歳　真志男妻・道子二十二歳　浩一郎・三歳

武器も資金も無く、正確な情報も入らない状況で、父は追い詰められていたのでしょう。「玉砕」の決意を固めていました。

一九四五年六月には、満洲国にいる日系成人男子は根こそぎ動員され南方戦線などに送り出されていた。満洲国の兵力は弱体化していたのである。それをソ連に見透かされなうように、国境付近に入植していた十五から十六歳の武器を持ったことのない開拓団によって防衛に当たらせ体裁は整えられてはいたが案山子軍団であったという。

副県長である父は、いよいよ全員を講堂に集め「避難すべき」か「玉砕」かの意志を問う会議を開きました。そこでは激しく意見が対立し喧嘩にまでなったとのこと、父の頭は一夜にて白髪が増えていたそうです。

一方、乳飲み子をつれた方、特別な事情で避難を希望する方にはトラック一台が用意され、終戦二日前の八月十三日に先発され無事に帰国された方もありました。母は生後四ヵ月になる乳飲み子をつれていましたが、先発することはしませんでした。

二、無条件降伏

敗戦から五日経った八月二十日、やっと日本の無条件降伏、敗戦を知ることになるのです。資料を読みますと「敗戦の色が濃厚になってくると関東軍は満洲国の軍・政治の中枢部のある新京↓大連に最終防衛ラインを縮小し四分の三を放棄していったのです。そして北からのソ連軍の進行を遅らせるため道路・橋を爆破した」と。よって満洲北部にいる私たちは道路も情報も断たれ陸の孤島にいる状態になっていたのです。

ソ連は一方的に日ソ中立条約を破棄し、昭和二十年（一九四五）八月九日、日ソ開戦を告げるや八月二十三日早朝には、景星県に水陸両用のトラック三十台に乗ったソ連軍一五〇〇名が怒涛のごく入城してきました。初めて見る猛々しいソ連兵。日本人を屋外の広場に集結させ、兵士たちは軍靴のまま家の中に入り、荷造りしていた荷物のひもを刃物で切り、時計などのめぼしい物を略奪していきました。私たちはその様子を脅えながらただ見ているだけでした。

一方、県庁前広場では日本人はソ連軍により武装解除を求められ、県庁にはためいていた国旗が白旗に替わった。ソ連の隊長と柳瀬隊長が無言のまま握手する。皆が息を殺して見守った瞬間だった。そして、ソ連軍の隊長が壇上に立ち次のように言った。

「私は東京をよく知っています。富士山も桜も大好きです。日本人と日本刀の関係も知っています。

あなたたちがチチハルに到着するまで日本刀の所持を許します」（鳥取義勇隊の記録）

三、逃避行——父の死

武装解除された義勇隊を中心とする景星部隊は、日本刀と鎌や鍬の柄に包丁をくくりつけた武器をもって、避難地チチハルへ向けて父を先頭に出発していくのです。この時の日本人の気持ちを「西門より大車（二十台）の列にて落ちのびていく日系のあわれさよ」と叔母は記録しています。出発して間もなく一キロぐらい進んだとき、私たちを待ち構えていたかのように延々と広がるコウリャン畑に入ったとき、匪賊（反満抗日ゲリラ）が大きな鎌や銃を持って襲ってきました。銃の弾がビュンビュン飛び交う中。中国人が引いていた大車が子どもや荷物を乗せたまま一目散に逃げ出したのです。泣きわめく子らを連れ戻そうと親は必死に追いかけて引きずり下しました。そのまま連れて行かれた七歳ぐらいの女の子は、赤い振袖を着ていましたが丸裸にされて帰ってきました。

その時の交戦で、父は眉間に致命傷の銃弾を受け「残念！」のひとことを残して倒れたと、後に指揮官をされる義勇隊の福島さんが話してくださいました。父の遺体は日本の国旗と共に毛布に包み、前日の大雨で増水していた雅魯河《ヤールーホー》に水葬しました。場所は黒竜江省景星県馬家村でした。父は四十三歳でした。頭髪の一部と爪を切って持ち帰りました。それからは匪賊の襲来を避けるため、一行は夜暗くなって出発しました。深夜コウリャン畑の中を音を立てないように進みます。小高い丘の上に月明かりがボゥーとあたりを照らしていました。私たちの気配を察知したのか夜陰の中から犬かオオカミの遠吠えが不気味に聞こえました。母は川柳に次の句をつくっています。

逃避行　咳許されぬ　夜の道

父の死から何年もたって、福岡県に住んでいた叔母と再会した時に「あの時亡くなったのは、あなたのお父様だけで他に犠牲者は出なかったのですよ」と聞かされ、父の死が無駄ではなかったのだと思うと私は涙が止まりませんでした。

四、ふたりの弟の死

父亡き後、三十六歳の母は樫介（生後四ヵ月）、龍介（三歳）、紘子（四歳）、文恵（六歳）、宣子（八歳）の五人の子どもを連れての逃避行になりました。鳥取県から入植されていた青年義勇隊の方たちが私たちの家族を見守ってくださいました。避難を前に中国人の県長さんが「零歳と三歳の子どもさんを預かりましょう」と再三言われたそうですが、母は手放すことができなく「死ぬならみんな一緒に」と思っていたそうです。

しかし幼い子どもには逃避行は過酷でした。母は出発して三ヵ月たった厳しい寒さに向かう十一月、私たち家族はチチハル市の龍華区慶雲街の中国人の廃屋に避難していた時、三歳の龍介が栄養失調で十一月五日に、八ヵ月になっていた樫介は風邪をこじらせて十一月十七日に相次いで亡くなりました。甥の浩一郎クンは、やはり栄養失調で九月十八日チチハル市第三官舎で亡くなっています。お肉が好きだったひょうきんな龍ちゃんでした。医者に食べ物を制限されていましたが、最期には何でも好きな物を食べさせてあげなさいと言われた時には、すでにお肉も欲しがりませんでした。八ヵ月になっていた色白のマシュマロのようにふっくらした樫介くんでした。離乳食の時期だったことでしょう。我が家の納骨堂には二人の柔らかい頭髪と小さな爪が父の遺髪と一緒に納められています。

四ヵ月で三人の肉親を亡くした母は、後に次のような川柳をつくりました。

骨壺を　三つも抱いた　寡婦の運

昭和二十年（一九四五）中に栄養失調、発疹チフスで死亡した者九万人、さらに昭和二十一年（一九四六）五月までに四万人が死亡という記録が残されています。避難所では、死体を処置する人手もなく費用もなく倉庫の隅に積み重ねられていた事もあったといわれています。

五、母の発疹チフス

避難途中、身体の弱かった私は急性腎臓炎で顔がパンパンに腫れ絶対安静を言い渡されたこともありました。また目の角膜の病気で失明するかもしれないと医者に言われ、母は避難先から毎日、私を

◆布団の上の短刀　父の姿が夢の中に現れて。

ねんねこ袢てんで負うて病院に通ってくれ、おかげて失明はまぬがれました。

母は心身ともに消耗していたのでしょうか。今度は母が発疹チフスに罹り高熱で生死をさまよう状態が続きました。危篤状態のたびに八歳の姉が医者を呼びに行き診てもらっていました。ある時容態が悪く臨終が近いと思われたのでしょうか、母の布団の上に短刀が置かれていました。死にゆく人の魔除けのものだったのでしょう。私は母の枕もとで「お母さん死んじゃダメ！　死んじゃダメ！」と泣きじゃくるばかりでした。母は高熱のうわごとの中でも「三人の子ども……三人の子ども」と子どものことを案じていました。後になって母が話してくれましたが意識が混とんとする中、お父さんの姿が現れて「子どもを頼む」と言ったとのこと、ハッと目が覚めて枕もとを見たが姿はなかったと。不思議な感覚だったそうです。

母の意識がよみがえったのです。その後は姉が起き上がれない母の排泄の世話と二人の妹の面倒を見てくれました。母は病状が回復したとはいえ、歩けるまでには何ヵ月かを要しました。壁伝いに必死に歩く練習をしていた姿が思い出されます。

ここでは八歳の姉は母の介護をしながら学校に行っていました。授業といっても外の小石を拾ってきて算数の勉強をする程度のものだったのです。しかし学校の行き帰りに中国人の子どもから石を投げられるので怖くていつのまにか行かなくなりました。

日本の外務省は昭和二十年（一九四五）八月十四日、ポツダム宣言を受託した時点で在外機関に対して「居留民はできるだけ現地に定着せしめるべし、帰化してもよい」という指示を出したのです。ポツダム宣言では「日本の主権は本州、北海道、九州及び四国並びに吾らが決定する諸小島に局限せらるべし」となっていて、外地の居留民に対して手も足も出せない状態だったのです。引揚のめどか経たない状態で学齢期に達していた子どもたちは避難先から学校に行ったのです。

私たち家族は、父が亡くなってしばらくは十六〜十七歳の鳥取県青少年義勇隊の方六〜七人と一緒に避難生活をしていました。昼間は働きに行かれていました。時々黄色の線の入ったクリームパンを買って帰られ、あの時世ですから「夢のようなパン」に思われました。お兄さんのような存在で「南洋の花嫁さん」「満洲娘」などのうたを歌ったり楽しく遊んでもらいました。親分肌の加藤さん、帽子を斜めにかぶった冗談の好きな堀田さん、ヒビさん、コートをきちんと着た真面目な山根さん、物静かでやさしい横山さん、中村さん、あどけない少年のような浜崎さんたち。しかし物静かだったNさんが心を病んでしまい「ハサミ、ハサミ」と鋏を探されるのでみんなが刃物を隠したことが思いだされます。

六、ソ連兵に脅かされる

穀物倉庫のような建物に何百人かが収容された時のことです。そこではソ連兵に脅かされました。ソ連兵の危険から逃れるため女子は丸坊主にし顔は黒く汚し男装していました。「ソ連兵が来た!」と情報が入ると女性たちは屋外のどこかへ身を隠し、広い建物の中は子どもだけが取り残されていました。母は赤ちゃんを負うた婦人と一緒に隠れた時には、赤ちゃんが泣きださないことを祈ったとのこと。見つかれば実際に連れて行かれた婦人があったのです。

食べ物は黒いコウリャンのおにぎりの配給。塩味がきいて歯ごたえがあって美味しかったです。姉が自分の腹巻に家族の人数分のおにぎりをもらってきていました。時には硬いロシヤパンと味噌とニンニクの配給もありました。ニンニクは大人の味がして美味しく感じました。栄養不足から足はしもやけからおできになり一足しかない靴に足が入らなくなって泣くほど痛かったです。散髪は母親がしてくれましたが、トラ刈りになっていたのでしょう。「トラが来た。トラが来た」と笑われ、つらかったことが思い出されます。

着のみ着のままでお風呂に入った記憶がありません。

七、待ちに待った引揚船

満洲の邦人百五万人の引揚げが始まったのが昭和二十一年（一九四六）五月になってからです。景星部隊は八月二十五日チチハルを出発となりました。雨の降る日も陽の照る日も無蓋車や荷物用コンテナに乗せられ南へ南へ下りました。途中足が立たなくなった母と私たちは義勇隊が用意された担架で運ばれました。そして私たちは奉天で二週間養生したため、みんなとは別行動となりました。

引揚船は貨物船でした。エンジン音の響く船底には敷き詰めたように引揚者が乗っていました。中には乗船したかと思うと安心して息を引き取った方がおられました。死亡者が出ると海に水葬されボーっと汽笛が鳴り船は旋回しました。子どもながらに何とも淋しい気持ちになりました。日本の陸地が見えてくると、みんな船の欄干に身を乗り出し歓声を上げたとのこと。母は、日本の山が青々と見え、帰って来たんだと感無量だったと語っていました。コロ島を出て福岡の博多に着きました。

終戦から約一年かけて、昭和二十一年十月九日呉市広町に住む母方の祖母寺田ミサヨのもとにたどり着いたのです。そして戦後の混乱期に、母は祖母の力を借りて五人の子どもを必死に育ててくれました。

母は、平成二十年（二〇〇八）に九十八歳でなくなりましたが、最期まで「どんな理由があっても戦争はしてはいけないよ」という意思は揺るぎませんでした。川柳を趣味にしていた母は、反戦の句

を多く作っています。何句か紹介します。

孤児の過去　涙なくして　語れない
戦争と　いう過ちを　棚にあげ
食べられぬ　野草に帰る時　平和
語り部と　なって平和の　輪を広げ

［やなせ　ふみえ］

◆葫蘆（コロ）島港　昭和10年に日本が軍港として整備した。昭和20年の終戦以降、満洲各港は大連港を始めとして中共軍とソ連軍の支配下にあり昭和21年８月になるまで、それらの港から日本人が帰国することは叶わなかった。唯一、葫蘆島港は国府（国民党）軍の支配下で、アメリカ軍との協議によって昭和21年５月から満洲残留邦人150万人のうち105万人が同年12月までの短期間に、引揚げることが出来た。
［昭和10年頃の絵葉書／図書出版のぶ工房蔵］※この絵葉書は旅順要塞司令部が当時、極秘の兵站線だったために掲載不許可とされた。現存する葫蘆島港最古の画像。

episode 7

朝鮮半島咸鏡北道
かいねい（フェリョン）

会寧からの引揚

五十嵐順子
Igarashi Junko

一、会寧脱出

昭和二十年（一九四五）八月十三日、夏休み中だが私は朝日国民学校に出勤した。赤尾校長先生から会寧郡庁《かいねいぐんちょう》に呼ばれ「お上より避難命令を受けたので解散します」と言われた。何日か前、ソ連の飛行機が上空高く飛んでいるのを目撃していたので険悪な空気をうすうす感じてはいたが、まさか避難することになるとは……。

職員たちとお別れして（これが永遠の別れとなるとは想像もしていなかったのに）、帰宅すると両親は妹たちに手伝わせながらリュックに米、塩、砂糖等の食品に、セーター、毛布、冬上着等を詰めながら、朝から消防団が戦火を逃れる為と称して「皆さん、ヒナンの準備を！」と叫んで回っていたそうで、慌てていた。そして石炭小屋の下を防空壕にしていたので、大事なものをどんどん運んでいた。

◆会寧　会寧停車場前より郵便局方面を挑む。[昭和戦前期の絵葉書／のぶ工房蔵]

私は一度もその防空壕に入っていないので、何が運ばれているか見ていないが、「順子さんには何が大事なの、入れておく物は?」と言われ「レコードを箱に詰めている」と答えると「あなたはレコードが大事なの?」と馬鹿にしたように笑われた。孟蘭盆《うらぼん》の入りだけど何もできない、と母は口惜しそうに言い「昼食は代用食です」と茹でジャガに塩つけて食べ終わり。又ガタガタと片付け?避難準備を始めた。引揚後「娘たちの為にいろいろとせっせと溜めた物がまだそっくり残っている夢をみた」と三年経っても忘れられない悔しさを見せていたが、父は「女って執念深いもんだ」とこぼしたが当然です。それ以後貧乏続きで喪服さえ作れなかったのだからまことに哀れ! 父は好きな虎の絵の掛け軸を集めていたので、クヤシサはあったと思う。

電灯のつかない夕方になり、それでも夕飯の支度をしていたら、警防団の車が町中を走りながら、急いで家から出るようにと促され、ご飯は風呂敷にザッとあけ、父が「山を歩くのだから靴が大事だ」と怒鳴ったので、私は運動靴、配給の地下足袋、皮統制でやっと一足作った皮靴と、スケートのブレードを外した靴だけをリュックに詰め込んだ。妹は父の深靴をあずけられた。いよいよ暗くなるので外へ出ると、父は表から窓や戸口に板を釘付けしたが、何の役にも立たなかったであろう。私共家族のあとから朝鮮人が押しかけ、大八車やリヤカーにあちこちの家々から奪った品物を積んで走り去るのを目にした。朝鮮人もいたであろうが、大勢の日本人が遊仙炭坑方面へぞろぞろと歩き始めた。手には私が小刀、父は友人に大刀を一振り、自分も一振り携えて……。親子そろって歩くのは生まれて初めてのことで、同窓生の稲垣さんも親子遠足をしている気分になったとか。

南へ、火の手のあがる会寧

山といっても近く丘のような高さだが、ここらでと周囲のみなさんと好きな場所でそれぞれ一夜を明かした。さて十四日の朝になって鍋や釜、煮炊きする物が一つもないことに気づき、家にとりに行こうと言いだしたら、会寧の町の四方八方から火の手が上がった。

大人たちが「自爆だ、自爆だ」と叫び出した。警防団の車にのった小父さん達が「我妻さん、家には戻れない。南へ行くべきだ」とどなったので、又また大勢の仲間と歩き出した。とうとう会寧で戦争かと思ったが、昼間は暑いので木陰で休んで夕方から歩こうと、我妻家は夜歩くことにした。急がずに。周りは夜、昼となくぞろぞろ歩く人が多く、若い男性が「満洲から来て新しい背広を三着持って出たが歩いているうちくたびれて、とうとう着たきりで歩いてきました」というのは、本音は結局身一つになってしまいました。ま、命あっての何とやら・・・でしょう。

知らない人たちが増えて三日目、朝鮮人の偉そうな男の三、四人が「保安署員」と名のりみんなの荷物を調べ始めた。恐ろしいので黙ってリュックの中身を拡げた。身体検査もされ、リュックの中から包丁、結局大刀も小刀も取り上げられ、母が風呂敷を広げると祖父母や叔母の位牌が出てきたので「お前らはこんなのを信じていたから負けたんだ！」と言われた。母は諦めましょうと燃やした。その直後、追いついたソ連兵に腕時計をとられた。私は長袖ブラウスの袖口がボタン止めしてあったので中に腕時計と鉛筆削りをしのばせて難を逃れた。このナイフが最後まで役に立ち、ジャガイモの皮をむいたり南瓜の茎を切ったり出来た。

まだまだ山の中を南に向かっていて、小さな村の役場のような所に来た十七日、掲示板に「朝鮮人は速やかに職場に戻れ」と書いてあるので「日本は負けたんだ！」と父は叫んだ。ぐずぐずしておれないと慌てだして昼も歩いた。川の流れが遠くに見えて知り合いの小母さんが川原に座り込んでいたが、「あれは万年湯のおばさんだ」と私は気付いた。傍には息子さんも娘さんも居なかった。脚のわるいおばさんは覚悟して家族と別れたのだろうと察した。同窓会でその話をしたら誰かが「あのオバサンが川に入るところを見た」との事・・・。気の毒な話です。

先に行った人たちが野菜畑を荒したようで。私は、ピンポン玉位のじゃが芋を集めたり、とうもろこしが茎だけになっているので、ポキンポキンと折って口淋しさをまぎらわせるのにしゃぶりしゃぶり歩いた。結構甘い汁にありついた感じ—。暫くして会寧で向かいの家の下男だった朝鮮人にあい「すぐそこ」といって一晩泊めてくれた。お陰で屋根の下に寝られたのはよかったが、お土産に虱をもらってしまった。

白岩の町でソ連兵に捕まる

朝鮮銀行券のあるうちは、餅やのりまき等買う事が出来たが、人々のあとについていった先が白岩《ペガム》という町。「九月に水道が凍って水が出なくなる」と人伝に聞いて、又々高い場所に来たもんだと怖くなり早々に退散に及んだ。汽車が動くらしいと駅へ近づき清津《チョンジン》行きと知るや、無蓋車の中央にもぐりこんだ。両脇には材木が山積み。隠れたつもりが頭の上を歩くロスケに見つけられ、私だけ上がって来いとばかりにひっぱり上げられ、勿論全くの甘い抵抗で連れて行かれたのが二等寝台車。真ん中まで来た頃「脱げ」と一緒に来た朝鮮人が命令したのでブラウスを脱いだ。モンペも脱いだ。あとはシュミーズとズロースだ。「まだ脱ぐんですか」と小さな声で私は言った。その途端、まさに天の啓示！「ケケ……△×□※……」と体をぐにゃぐにゃにして暴れだしたら、気が狂ったと思ったのか、年寄りの軍人（ロスケ）が落ちてるブラウスをつまみ上げて、私の目の前に無言で突き出した。「着ろ」

◆暴れる私

との意味だと感じたので、すぐに手にして「パパ、ママ」と後方を指さし、モンペも掴んで走って降りた。両親、妹、みんな心配していたが間もなく戻ったので安心し、母がその時初めて言った。「男の急所はキンタマ。相手に従うと見せて気を許した際に思い切り力任せに握ると悶絶するから、そのすきに逃げられる」と教えてくれた。心にしっかり覚えたが、その機会は訪れずに済んだ。

あの時、気がふれるマネをしよう等とは全く考えもしなかったが、とっさにした事は天のたすけと今も思っている。感謝々々。

八月末、茂山《ムサン》に着いたが駅前は山の人だかり、座り込んでいたら左の方から丸腰の日本兵が二百人位いたろうか、前後をロスケに見張られながら行進して来た。マコトにアワレ！　敗残兵敗戦兵のスタイルを茫然と眺めていたら、小学校の時の先生が見えたので、思わず「先生！」と叫んだら気づいた先生が私を見るなり「元気でいろよ」と一言。引揚後、同窓会で出席された先生に会い「無事に帰国したのか、今頃こんなところでウロウロして」とずっと気にかかっていたと言われ、お互いに生きて帰国できたことを喜びあった。

茂山から清津へ

そして私たちは清津港めざして歩き始めた。やっと清津についたときは九月一日、港の広場にはもの凄い人だかり。今まで以上の集団が、カンカン照りの中に固まっていた。陽影を求めて座り込んだ。隣はお腹の大きな婦人がいた。見回りに来た若いロスケが私の前で立ち止まり、私の脚を銃でつつくので銃を手で払ったら又つつく。三回も四回もすると彼は立ち去った。と思ったら白髪頭、老いた軍人ロスケを連れて一緒に私の前に座り込んだ。手帳を片手にしきりに何やら喋ってもチンプンカンプン。私は首を横にふり乍ら知らぬ顔をしていると、母があっちの方を見ながら静かな声で「順子さん、ゆっくり立ち上がって真ん中の人ごみの中に歩いて行きなさい」とまるで唄でも唄って居るような口ぶりで言ったので「どっこいしょ」と私も唄う格好でゆっくり立ち上がって人ごみの中に入って行って座り込んだ。その間、後ろからズドンとやられたら一巻の終わりだ――と内心ビクビクだった。「どっこいしょ」と座り込んで何分いただろうか？

そのうち通訳が四十二歳までの男性はこちらに集まれと言われ、一歳くらいごまかしていればいいのにと言う母を裏切り、父は集まりの仲間に入った。すぐにどこかへ連れて行かれてしまった。百人位いたようだったが、そのあと「皆さん今から三菱社宅へ入ってもらいます。これから行きます」とぞろぞろ動き出した。母が慌てて妹のセーターを「腹に巻きなさい」と突き出した。そして手拭いで頬かむりさせられ、この暑い中、腹ボテスタイルで歩くとは……。あの隣にいたおばさんをいたわっていた様子を見ていて「コレダ！」と思ったのでしょう。腹ボテ女に仕立ててくれました。ヤヤ小高い所に三菱社宅なる建物がたくさん並んでいたが、特に命令もないので勝手に入り込んだが、畳もなければ襖、障子もない。私は押入れの前に陣どった。そして寝るときは私が押し入れの上段だった。何せ多い世帯が入り込んではいるが布団もないし、昼間はすることもないので、そろそろ皆さんが身の上話などはじめだした。靴はすでに一足ハキステ。二足目の革靴は手拭いに巻かれ枕になり、どこからか見つけたむしろが掛布団。まるで乞食だが致し方ない。大人たちは夜の寒い時、外で焚火をしていた。

昼間、朝鮮人がうろついて娘がいる所に目星をつけ、夜、さらいに来るとの事なので、分かったときは物をたたいてお互いに知らせ合うことになった。四軒先くらいに六年生の女の子がいるとか。夜連れていかれるとき「お母さん！　助けて！」とわめく声が聞こえたが、誰も外に出られなかった。翌朝、女の子は帰って来たらしいが、どんな具合だったろう？

水が必要だが……誰かから近くに井戸があると聞き、サイダー瓶を拾って紐をつけ、井戸に垂らして何度も水を運ぶ。夜道で寝た一ヵ月前、水筒を置き忘れたので数が減ったがそれでも少しずつ炊事用、飲み水としていた。一ヵ月もたたぬうち近所の朝鮮人たちが「日本人が井戸に毒を入れたので飲めない。来るな!」と拒まれ、別の井戸を探して歩いた。低地に大きな建物がありロスケの遊び場らしく、昼に来たロスケが「マツキがいるからおいでと何度もマツキマツキと言った」。三年先輩に松木さん(美人)がいたので、その人がそこで働いているかもしれないが「私は嫌だ」と断った。

治安が少しずつ良くなり

大型トラックが毎日港へ使役人夫(日本人)を運んでいることが分かり、私も何度かトラックに乗って稼ぎに(麦飯一杯)行った。ロスケは鉄粉まで、自国の船に積んで運んで行った。トイレが遠いので近くの倉庫で黙って用を足して知らぬ顔。満洲から届いたという立派な大豆が山になっていたので、帰りに一握り持ち帰って食事に利用した。一晩水につけてつぶして豆乳にし、せめて一升位日本に持ち帰っておいしい豆腐を作りたいと、思いながらためたが、結局皆食べてしまった。十日経った頃、父がふらふらと帰ってきた。どの家に住んでいるか一つ一つ確かめながら家にたどり着いたらしい。聞けば茂山の刑務所に皆入れられ、六人がやっとの一室に二十四人入れられ横に寝ることが出来ず、わしは便桶を抱いて眠ったよ、と悲しくも哀れな話をしてくれた。特にすることと言えばボタンを整理したとかで内容が判然としなかった。

大豆を炒っている夜「おはよー」とロスケが上がってきた。炒った大豆を五粒「ほれ」と手渡そうとしたらイラナイと手をヨコにふるので止めると、そばにあった生大豆をわしづかみして、ぼりぼり食べるのにはビックリ。治安が良くなって・・・ユウ・・・カイはなくなっていき安心だった。いよいよ寒くなって十月二十四日、五世帯位で金を出し合って貨車を一台買い、乗って是非京城に連れて行ってくれと頼んだら、金のない人もどやどやと乗り込んで貨車は満員になった。何時に動くのかわからない、どこで止まるのか、動くか全くわからない。二日目、小学校の先輩のお姉さんが水を汲みに降りて帰ってこないうちに動き出した。置いてけぼりにされたあのお姉さん、今頃は朝鮮人の嫁さんになっているのだろうか？　と思ったりした。

途中、カタパンヤのおじいさんが亡くなった。父が皆さんの了解を得て川にさしかかったら水葬にしようとリュックに詰め、川だと思ったとき落としたら、河の真ん中の洲の砂の上だった。後方の車からロスケが下りて「何だ」と訊かれたが、「ゴミ」というゼスチャーで納得してもらえた。帰国後娘さんから「父の最期をだれが知っている」と言われ「父に聞いてください」と返事した。父は丁寧に手紙でお知らせしたという事だった。

行き先が京城《けいじょう》と思ったのはマチガイで平壌《へいじょう（ピョンヤン）》でした。（三十八度線をどうして越えさせてくれるものか）全員降ろされ「ここに」と入れられたのは寺町でしょうか。妙心寺でした。本堂に二百人位入って、めいめい自分勝手に寝そべった。布団も道具もないのでみんなゴロ寝。「みんなで生活するのにソ連の司令部に頼むから、一応代表を決めようと団長、会計等を決め、それでは私が炊事を受け持ちましょうと立候補の父。

本堂の横の小さな室に係として家族も入り、我妻家は手前の三畳の間に。壁際に私、妹、妹、母。人が通れる道を作って向こう側に父と、誠にキュウクツそのもので暮らし始めた。働けるものは働いて金を入れてくださいとの事で、私は早速働きに元警察署だった保安署へ、四歳年上の奥さんと「日本掃除人夫　我妻順子」の身分証明書を手に。広くて長い廊下を掃除、掃くだけで一日終わっていた。何日か後「給料をもらった」といったら、母が「全部出すことはない！」と一部をとり上げた。その金は母と私たち姉妹の間食費だった。塀越しに朝鮮人女が、餅やのりまきを買ってくれとせまるので、内緒くで買い食いした。父は大鍋を求め司令部から米三俵貰ったが、一俵は麦二俵と交換してもらってお粥より少しマシな食事を考えたようだった。

死体運びをする男子中学生

次に私は隣の寺で温突《オンドル》焚きや掃除にヤトワレた。地下一階は納骨場だった所を改装してローヤに変っていた。掃除の途中で「水もってこい」と命令され馬穴に水を入れて、入口に腰をかがめて持って入ると四十歳位の男性（日本人か朝鮮人か？）が、長椅子に仰向けに縄でぐるぐる巻きされていた。水攻めにあうのだろうと思うと、恐ろしくてさっさと外に出た。年寄り子どもは本堂から外に出ることもなく、次第に気力も体力もなくなって、伝染病に罹っていった。発疹チフスが広がって死んでいった。墓はどこか知らないが、男の子（中学生）も死体運びをさせられていた。団体のなかは知らぬ人が多く、悪いけど人のことまで心配できないありさまだった。

伝染病が蔓延するのが怖ろしいと朝鮮人が騒ぎ出し、寝ている人たちも全部浴場に連れて行かれた。それまで風呂には入れずじまい。どんなにか垢がついていたことだろう…。けれども生きんが為には、風呂などはどうでもいいことだった。

治安がよくなると、軍票で女を買う方法を覚えたロスケは、朝鮮人、日本人を問わず、先ず女に軍票を見せていたようで、ご主人に死なれた一人のおばさんが、外から肉を買ってきて境内の隅で煮て食べている姿を見た人が「あの人は肉を売って肉を食べている」と言った。生きるためには仕方なかったろうが、間もなく亡くなった。死体を運んだ中学生が「あのおばさんはクサカッタよ」と言っていた。屍体が臭いなら「アリャ、ノーバイだ」と誰言うとなく噂になった。ロスケは梅毒に罹っているのが当たり前だと聞くとおそろしくなるが、真偽は定かではないし、他に移された人がいたかどうかは聞いていていない。

世話人の奥さんの一人Mおばさんが、母と温突焚きか風呂焚き、掃除でもして賃稼ぎしようと出かけたらしい。(後から聞いた話) ロスケが二、三人泊まっている家で、何やら言われても通じない。こりゃ不採用かも?　でなけれりゃオソワレル?　と考えた母は「オシッコ」したいのでと、さもオシッコ我慢出来ない素振りで体をゆすり、手で「シーシー」と言ってみせて外へ出て、そのまま逃げ帰ったそうで、Mオバサンは?　と私が言うと「人のこと知るもんですか」と母。まあ無事でよかった。

或る日、子守の子が欲しいとの要望で、下の妹（小学六年生）が住みこみで行ったらしいが、実際に赤ん坊を背負った経験もない末っ子で、赤ん坊をあやす事も出来ぬまゝ、朝鮮式にオンブさせられ、どうにもならなくなって、たった一晩で逃げ帰ったのにはオドロキ、なさけない！　諦めて仕方なく慰めてやったが……。

発疹チフス、虱

五月一日のメーデーの行進で、五〇メートル先の大通りは、朝鮮人の歌声でニギニギしく一日が終わった。我々ヒナンミンには関係ナシ。ソ連司令部が全員を風呂屋に連れて行ってくれたのは有難いことであった。トラックで。元気な人は何十日かぶりのお風呂場で垢オトシ？　それでも着替えはなし。乞食と同じです。

春先になると体中の虱《しらみ》が活発で、天気の良い日には縁側でシラミトリ。ロスケが来ても平気で「ホラ、ホラ」とわざとつぶして見せて、イヤガラセをしたが、罰をくらう事はなかった。発疹チフスにはわが家も全員やられ、父から始まって終いが私。高熱にうなされ、何やらウワゴトを言う。何日か前にMおばさんが、ウワゴトで歌を唄っていた「名残つきない果てしない……」。田畑義夫のウタをハッキリ唄ったのが聞こえて、みんな顔を見合わせてニガワライしたっけ。

さて私はというと「死ぬよー、死ぬ、シヌ、シンジャウヨー」と泣き声を上げたそうで、醒めた時、母は「順子さんは一番弱虫だね。死んじゃう、死んじゃうなんか言って」と知らされた。父が「冷たいリンゴ、一口食べろ」と口に入れてくれたのは覚えているが「死んじゃうよー」は全く覚えがない。突然母が「何だろ、この子はウンコをもらして！」とどなったのが聞こえて「ハッ」と目がさめたのだった。何の事はない。脱糞したのだった。死の一歩手前でめざめた。母の声がなかったら、きれいなお花畑が向こうに見えたかもしれない。誰かに、手招きされたかもしれない。エンマサマに死の宣告をされるところだったようだ？

起きて四日目には、道立病院へ患者の措置を手伝いに（麦飯かせぎに）行った。寝ていた人は、全員頭髪から腋毛、恥毛をバリカンで刈られ、次々と風呂場に連れて行かれた。クレゾール石鹸液に浸したタオルで、体中ビチャビチャにぬらし（こすると垢が出るのでそろそろと）、次に乾いたタオルで、そっと水けを取るというお粗末なやり方をして、両脇を抱えて処置する係二人で毛布にくるんでベッドまで運んだ。歩けるようになった患者が皆丸坊主頭でフラフラと歩いてくる姿は、まるで幽霊のようだった。その後、患者たちはどうなったろう。

平壌龍山墓地

廊下の奥に材木を積んでいるように見えたのは、ハダカの死体の山だと後で判った。刈られた毛は、ストーブにくべろと言われ、どんどん燃やした。毛の焼けるニオイは、火鉢に一本のカミノケを落としてもチリチリ焼けてクサイ臭いがする。一抱えも二抱えもある毛の山をくべたのだから、ニオイもはげしかった。翌日は、浴用タオルを何十枚も手で洗濯、広場にロープを張り、乾かして取り込み、畳んで輪になった方を手前にして、棚に収めたら、ロスケの女医が感心したように「オー、ハラショー」を連発。余程きれいに見えたのかしら？　ご苦労様の意味か？　五月になって暖かくなったら、墓地に埋めた筈の死体が浮いてきたので、朝鮮人が気味悪がって怒りだしたそうで、動ける男性何人かで十メートル、十メートル、十メートルの穴を掘って全部まとめたのが龍山墓地と聞いている。冬中、雪や氷で隠していたのがばれた感じ。

妙心寺の隣の寺には、保安署員が大勢いて温突《オンドル》を焚いたり掃除をしている私は、…カンシの目を向けられていたようだったが、たった一人「僕には国籍がないんだ」と話しかけた男性がいて、「よく働くね」とホメてくれたのには一寸オドロキ。妙心寺の住民で捕まってローヤに入れられた男がいたそうで（盗みの疑いで）一緒に越境できなかったから、その後どうなったろうと思う事がある。又、寺の隅に、書籍や辞書がたくさん積んであって、妙心寺で退屈している小父さん達が「辞書の紙は薄くて丁度いいんだ」ということで、一冊盗んで上げたら、よろこんで煙草の吸殻を拾って芯にして巻き、形ばかりの煙草にして吸っていた。紙の分厚いのでも、丸めて煙にして満足している様子に哀れを感じた。自分の持物で…カネメの物は市場に行って買ってもらい、腹の足しにする人もいて、ある若いおばさんは、お爺さんが亡くなったので、入れ歯のうわあごの部分が金になっているので、市場に持って行って買ってもらったが、「二足三文にたたかれた」とくやしがっていた。

一月、電車に乗っていった先、確かキリンリというところで下車直ぐの所の歯科医院で女の手伝いがほしいと言われ、私と坊主頭にしている一歳下の女の子が面接に行き、私が採用された。最初から信用され鍵を預かって朝早く行ってストーブ焚いて掃除したころ、大先生と技工士が出勤。特に技工士はべらんめー調子でしゃべるが、優しい先生だった。大先生は三十歳位で静かな方だった。ロスケが或る日、土足で上がり、勝手に台に座り込み金歯を、と言うので金をかぶせたら一週間も経たぬうちに来て、汚くなってだめだから銀にしてくれとの事。あきれた大先生が、「歯磨きもしたことないんだろうから黒ずんでいる」と言いながら願い通り銀、すなわちプラチナをかぶせてやっていた。金さえもらえばいい、というところ。

若いロスケが奥歯が痛いというので抜歯することになり、私は彼の額を後ろからグーッと押さえていた。いざ抜くというとき「ウォー」と叫んで気絶してしまった。マスイはちゃんとかけていたのだが、全く知識がなかったんでしょうね。

ウクライナスキーと自称する大男が閉店間際、帰ろうとしない。技工士が「我妻君にモーションをかけてるぞー」「知っています」と言いながらロスケには知らぬ顔。「そのうち僕が彼を電車通りでマクから、君は大先生と裏から帰れよ」との事で、その通りにして難を逃れた。

立派なマナーで待合室にいたのは白系ロシア人だった。今思うに「この娘をいくらで買うのか」と先生が言えば、ロスケは軍票を何枚も与えて私を連れだしたかもしれない。敗戦国の女なんか知るもんか、と扱われたとしても文句言えないのに先生方は私をかばってくださった。今もありがとうと感謝の気持ちでいる。

或朝、未だ先生方が見えない時間に、ロスケがジープで三人、どやどやと二階まで上がり込んで、「ダワイ、ダワイ」とひっぱられ、ジープに乗せられそうになった。彼らが時々「コメンダン、コメンダン」と怖れている様子を見知っていたので、多分憲兵の事だろうと思い、「コメンダン、コメンダン」何度も言い乍ら遠くを指さしたら、訴えられると判ったのか、何も言わずに逃げて行った。僅か五分か六分位だったが、周りに朝鮮人の集まりが出来た事も幸いした。

ロスケの中には、モンペをはいてるのは日本人と認識しているから、私を見て、両手で「それを脱げ、カレースキー（朝鮮人）もロスキーもはいているからヤボンスキーも」と両手で自分の膝の上を横にすじをつけて「スカートにしろ」と動作を示した。「これが良いのだ」とばかりに「ハラショ、ハラショ」と私はくりかえした。何故か「パエジョム」と腕を組むしぐさをみせて「モスクワトゥトゥ……」と汽車が走る様子で近寄ってきた。ハハア、私を連れて行きたいのかと思ったが「ニナーダ」（イヤ）をくり返し、手をふって拒んだ。若しモスクワなどへ行ったら「今頃ロシヤババーになってたかしら？」と同窓会で話した笑い話（後日の話）もある。

三十八度線

五月末、気候もよくなったので元気な人だけでも三十八度線を越えて日本に帰ろうと決まり、私は歯科医院とお別れした。妙心寺に何人残ったかはわからない。一家全滅になったり夫婦共倒れだったりで、名簿のない団体のまま解散になったようだ。三十八度線近くまでどうにか汽車で行き「これまで」と降ろされた場所で、みんな覚悟をしたようで、持物を極力減らすことになって着るものも捨て、身軽になった。父は近くの農家で革靴と交換したのがナマタマゴ二十三個位で、私は五個、「早く食べろ」と促され、母も妹もナマをのみこんだ。私は三個までは飲んだが、あと二個がとてものめないので、上着のポケットに左右一個ずつ入れた。歩きだしたらタマゴは全く頭になかった。越境して気付いたときはポケットの中はドロドロ、ベタベタでした。

皆が捨てた衣類の中にピンク色の腰紐があったので「これキレイ」とひっぱりだしたら、母に叱られた。「そんなもの拾うんじゃない！」。もとより拾う気はなく、唯、一寸いじってみただけだった。ヨコ列五人、タテに何人か？　父母が横で妹、妹、そして後に私が並ぶ。時悪しく雨がシトシト降りだした。時計はすでに市場でサヨナラ。みんなの腹に入ってしまって（食料に変って）いるので、時間は分からない。暗くなったので歩き出した。目的地まで何分かかるのだろう。私は見当がつかない。先頭はどなた様かも知らないが、兎に角三十八度線だ。ヒソカにヒソカに？　五、六十人もいたろうか。何となく死の行進のような気配。ジャリ道なので革靴の底についた金具が、カチカチと音を立てて火花が散る。真っ暗な夜道。歩きながら眠気がさしてきて、妹のリュックに結びつけている縄にしがみついたら「姉ちゃん、重たいよ！」と怒られたりしながらも歩き続けた。そのうち、満洲からの兵隊あがりとおぼしき若い男性が「我妻さん、この子オカシイヨ」と訴えるので、肩車をしていた子を降ろして抱えると、コトキレテいた。行進は続いている。父はその子を道路の端が溝になっていたので、

◆コトキレテいた女の子

そこに寝かせて周りの草をむしってかぶせ、合掌して列に戻ったとのことだった。その子は小学校に上がっていないし、母と兄が妙心寺で亡くなって一人ぼっちになり、元気と思ったのか若い男が面倒を見るつもりで肩車したのだろう。雨に濡れて生気を失ったのかもしれない。あの子の顔は憶えている。気の毒な事をした。けれど誰を恨むものでもない。

小雨ながら体中ズブヌレになって……。突然パンパンッと鉄砲の音。今まで整然と並んでいたはずの団体がバラバラとくずれ走り出した。我が家も逃げだしたが、方向が分からない私は父に誘導されて走った。小さな小屋が見えたのでその中に飛び込んだ。次々と何人も小屋の中へ。ひそやかに……（女を中に男が外側に）……と。ロスケが二人入って来て、金が欲しいとの事なので、まだ懐にあった金（朝鮮銀行券）をみんなそれぞれ出し合って渡すと帰って行った。助かったー。

夜が明けたので歩き出したら、すぐ近くが三十八度線。米兵が道の左右に立っていてニコニコと迎えてくれた。日本人会がまだ残っていて、越境する人の面倒を見てくれていた。あと数ヵ月でここを引き払うとの事。内心「まだ日本人は残っているのに」と思ったが……。コウリャン飯だが安心感も加わってオイシク食べた。臍の芯まで濡れたので服を脱ぎ、重要書類や貯金通帳なども広げてカワカシ始めた。二日も居たろうか、服も乾いたし、開城方面に向かい雨露しのげるところで一夜を明かした。生き延びた人たちの顔々、あまり喋らないが生気を取り戻した感があった。

仁川港から博多港へ

我々は内地〳〵と言っていたが、本籍地のある故郷のことです。家族名等明記されて。仁川港《じんせん》へ。妙心寺で女の子に「お父さん?」と聞いたら「違う、知らない人」と言った。引揚途中の俄か作り夫婦らしく「さては兵隊あがりかあの男?」でも黙っていましょう。上陸はどうしたろう。

船にはどんなふうに乗ったか覚えがないが、生まれて初めての船は客船ではなくサルベージ貨物船で、狭い船底に何百人かが収容された。天井までが高く、ほとんど垂直な梯子が掛かって昇降は大変。小さな子が途中から落ちて死んだ。亡くなった人は船から長い板を海に向けてかけ、簡単に丸められた死体を滑らせて水葬されていた。

船上には、臨時づくりの便所が五軒あって船が左に傾くと一斉に板扉があき、右へ傾くとパタンパタンと閉まる。風景はコッケイであったが印象的でもあった。玄界灘へさしかかったとのことで揺れがひどくなり、大急ぎ梯子を上っていく人が増え、私もとうとうこらえきれずに、船上へ行きゲロを吐いた。博多が見える所迄来た時、動きが止まった。目の前にして…と大人たちは口惜しがったが、船内に伝染病患者在り、として日延べなんだとか。三日も四日も止まっているので、お天気のいい日は船上で日光浴、若い船員と妹二人は仲良しになって「今、日本ではリンゴの唄が流行っている」と言って教えてもらっていた。大人たちは素人演芸会を始め、父が「わしも加わって『牛若丸は飛びのいて、持った扇を欄干の…』とピョンピョンはねて作り踊りをした」との事。私は全然観なかったが、女房子供のために気遣った苦労が少しは晴れたか、と思ったりした。

博多港上陸

漸く上陸の許可が下りて、先ず検便、ガラス棒が肛門に突っ込まれて我が家は全員ＯＫ。そして女性には暴行されなかったかの質問。母が代表で、うちは女四人共、何事もなかった、と証言して合格。後年、お腹の大きい人は二日市保養所（後の済生会二日市病院）で処理してもらったとの事。（当時はまだ…ダタイ罪が日本にあったそうだが、幾人かの医者が法に反して人道的に処置した。跡地に記念碑と水子地蔵が建っていると知って、会寧同窓会出席者が何人かお参りした。私も同道させてもら

◆湯町保養所　戦後に二日市保養所として利用された。［昭和戦前期の絵葉書／のぶ工房蔵］

ってお参りした）

上陸して一人何円かずつ貰ったのにはガッカリ。持って来た金（日本銀行券）はボッシュウだし、動く汽車が分かって乗車。父は大阪で買い物をしようと一旦下車して、私に白い布を三メートル位買ってくれた。おかげで女学校で習った目分量で自分のブラウスを縫ったのは、母の実家にお世話になっている時だった。

大阪駅の改札口で「我妻さん」と呼ばれてふり向くと、同級のN君だった。お互い生きて帰国できたことを喜び合い、落ち着く先の住所をメモして交換。これが会寧の人たちの消息を知る始まりであった。

博多上陸は昭和二十一年六月二十一日でした。日付の六月二十一日が判明したのは父が書いた外地所有の財産を厚生省に提示した書類が家に残っていたので。

［いがらし　じゅんこ］

episode 8

旧満洲錦州省

阜新《ふしん》（フーシン）からの引揚

今だから言える体験

黒木恵美子
Kuroki Emiko

八歳の時に終戦を迎え、悲惨な体験と生死をさまよった満洲の阜新からの引揚者です。今まで当時のことは出来るだけ忘れるように努め、思い出したくないと思っていました。しかし、あの強烈な出来事はなかなか忘れることができません。断片的に思い出しても胸が痛むのです。

敗戦と同時に略奪や追い剥ぎ、日本人に対する報復は日常茶飯事の出来事でとても恐ろしいものでした。本当に怖い時や辛いときは声や涙は出ないものです。いろいろなデマなどにも振り回され、何を信じていいのかさえわからなくなりました。

当時、私の下に三人の弟がいましたが、一番下の弟をおんぶして子供だけで避難している時、隣にいたおじさんから「泣いたら口をふさぎなさい」と言われたり、手榴弾を渡され、いざというときはこれを、と……。今思うとよく生きられたと思います。また、一番下の弟を度々中国人の方がもらいに来るのです。その度に母がやるくらいなら家族みんなで死のうと言っていました。
詳しいことはわからないのですが、父の仕事は空調関係の仕事で技術者だったので残留となり、母と下の弟二人は残ることになり、家族揃って引揚げることができませんでした。

◆家族写真 左から父、叔父、3歳の私、母。[昭和14年正月]

当時、一緒にいた二十歳の独身の叔母を弟に「お母ちゃん」と呼ばせて、私は「お姉ちゃん」と呼んで三人でとりあえず先に帰国しました。

生きてさえいればきっと会えるからと、親と離ればなれとなりどんなに心細く思ったことか、八歳の胸は痛みました。女の子は人さらいに会うことも多く、坊主頭になりわざと汚い格好をしました。

叔母は弟を背負い、二人でわずかな荷物をかかえていただけなの

◆家族写真　５歳の私と弟。［昭和16年11月］

に次々と荷物は取られて着のみ着のままとなり、家畜を乗せるような貨車に、ぎゅうぎゅう詰めに押し込まれ、また振り落とされないように必死にぶら下がっている人もおり、生きることに必死だったと思います。他人のことを考える余裕はありませんでした。

船にどこからどのようにして乗ったのかは一切憶えていませんが、上陸前に停泊している時、「今日は何人飛び込んだ」と大人の人たちの会話で分かったことは、若い女の人が強姦されたり、いろいろな痛手を受けた人たちが、内地を見たことで喜びと安心、不安と気持ちの整理がつかないままに、自らの命を絶つことを選択した悲しい出来事でした。

上陸と同時にＤＤＴをかけられたことを鮮明に覚えています。父が頼っていくように教えられた天草の親戚を探し辿り着きました。その時の叔母の言った第一声が「わっどもァー、外地で贅沢ばァー

◆国都の目抜通りに壮観を誇る三中井百貨店（現在の長春百貨店） 父の転勤で居住した新京。戦後に同百貨店は日本人居留民のための「東北地方日本居留民会救済総会」が昭和20年10月に置かれた。［昭和戦前期の絵葉書／提供：藤田道子］

したけん、罰が当たったばェー」と、今でも忘れられない一言です。

私たちは祖父母の世話になりました。叔母は引揚げの無理が出て体調を崩し、しばらくは気苦労も多かったと思います。

私も三年生になっていましたが、戦時中は学校も思うように通っていなかったので、二部授業でしたが二年生に編入、言葉の壁と親と離れての生活、他人の中での苦労は今思うと子供ながらよくやって来たと思います。

そして、両親と再会するまで、井戸水をつるべでくみ上げたり、わらを打ちぞうりを作ったり、かまどでご飯を炊いたり、今まで経験したことのなかったことを祖父母が一つずつ教えてくれ、できるようになった時の喜びも味わうことができました。

そして翌年小学校三年生を飛び越え四年生にな

◆だご汁

った時、引揚げてきた両親と再会することができました。生きていてよかった。本当に良かったと何度も何度も思いました。両親は一年後に引揚げてきたのです。

この体験は二度と子どもたちには味わってほしくない戦争です。私は自分のこだわりで、八月十五日は戦没者に対する慰霊祭の式典に合わせ黙とうをし、「だご汁」をつくり続けて四十六年、上の子が小学校二年生の時、初めて戦争の話等をしたのです。

どこまで理解できたのかわからないけど平和の尊さを、ありがたさを理解してもらうためにです。毎年、終戦記念日につくる「だご汁」は、わが家のお盆の行事となり、平和な日々に感謝しながら、戦争、引揚を風化させないためにも続けていきたいと思っています。

〔くろき　えみこ〕

◆家族写真　左から一緒に引揚げてきた叔母、
7歳の私、母、弟。［昭和19年正月に満洲で］

◆家族写真　夫、孫娘と82歳の私［平成30年正月］

episode 9

寧越からの引揚

朝鮮半島江原道
ねいえつ（ヨンウォル）

松崎直子
Matsuzaki Naoko

一、私の引揚

私は朝鮮半島の東海に面した江原道で生まれた。そして父の仕事の関係で、この道内を三ヵ所転居した。生まれは道南端の「平海」。平海は現在慶尚北道になっているが、私の戸籍謄本の出生地欄には「江原道蔚珍郡平海里」と記されている。次に「伊川」(今では北朝鮮)。そして敗戦を迎えた時は又、南側の「寧越」に住んでいた。終戦は小学校に入学したばかりの夏休み中だった。

一家五人が帰国の途についたのは、九月に入っていただろうか、まだ寒くはなかったが、子供らは分厚く重ね着をした上に、オーバーを着せられていた。

父と小学四年生の姉、小学一年生の私はリュックを背負い、母は二歳の妹をおんぶして、持てるだけの大きな包みを下げていた。重病で痩せ細った病み上がりの父は、それでも厚い毛布を丸めてリュ

◆家族写真　朝鮮半島寧越での一枚、左から母、私（直子）、姉、弟、父。［昭和18年頃］

ックの上に乗せていた。

日本人数家族が川の側に集まって待っていたが時間ばかりが経つ。大人たちが何ごとかぼそぼそと話し合い、暫くして私たちは家に戻ることになった。約束の船が来ないからである。

家に帰って驚いた。家の中は見事に空っぽになっていた。ミシンやオルガン、蓄音機等金目のものは、お世話になった人や近所の人にあげていたが、他はすべておいたままだったのだ。戸棚の食器や台所用品、箪笥の中の衣類等、わずか数時間の間に根こそぎ何者かに持ち去られていた。やがて日が暮れてきたが、各部屋の電球もみなはずされていて、真っ暗で夜は何もできなかった。

二、釜山へ向かって

数日後、別の交渉が成立したのか、私たちは近所の数家族と川船にのって、列車の通る丹陽を目指した。川はかなりの急流で、水しぶきがかかるので皆の頭の上はテントで覆われていた。途中テントのすき間からちらっと見えた風景は、川岸に絶壁がそそり立ち、上の方に小さく松の木がせり出している空だった。

暫く進むと、途中にダムがあり、私たちはダムの手前で船を降りて、川岸の草むらを歩かされた。船頭さんが一人で船を操り、ダムの斜面をシャーっと滑り下りた。岸からその様子を見た私は感動した。まるでサーカスのように、上下して揺れ動く船から落ちることなく、見事にダム下の岸辺に船をつけて待っていてくれた。

再び乗船して川を下り、間もなく丹陽についた。皆がぞろぞろと船を降り岸に上がってふと見ると、あの素晴らしく勇敢な船頭さんが後ろ手に縛られ、数人の男たちに囲まれていた。びっくりして母を見上げると、母はその様子を見せまいとするように、私をくるっと回して自分の前に引きよせた。

そこから丹陽の駅まではまだ遠く、しばらく歩いてその夜は山中の農家の庭に集団で休ませもらった。次の日は恐ろしい吊り橋渡りだった。吊り橋は古くて危ないので、地元の青年が荷物だけをトラックで運んでやろうと言ったそうだが、大人たちはそれを断った。なるほど、深い谷の上にかかった吊り橋は、ところどころ板が外れていて、ずっと下の谷底を流れる川が見える。大きなリュックを背負った人々が列を作って歩くと、ぼろぼろの吊り橋は上下左右に揺れ、前の大人のリュックをしっかり掴んで、もたもたと付いて歩く私は生きた心地がしなかった。この経験が私を高所恐怖症にしたのではないかと思っている。

◆吊り橋　古い橋を渡る日本人避難民の光景。

◆線路脇の光景　駅から離れた野っ原で度々停車。牛馬用の真っ暗な貨物列車から降ろされ、銃を突き付ける地元の青年らに荷物を開けさせられ、金品を取り上げられた。

三、貨物列車で

丹陽の駅につき、長らく待ってようやく私たちが乗ったのは、牛馬運送用の窓も座席もない貨物車だった。床にリュックを置き、ぎっしりと座り込んだ貨車の中は真っ暗で、どこを走っているのかもわからなかった。目が慣れて廻りの人の顔がぼんやり見えてくると、上の方に三十センチ角ほどの小さな窓がたった一つあるのが分かった。

暫く走っていたが、ガタンガタンと列車が止まり、ドアがあいて全員降ろされ、線路わきに並ばされてリュックの中身をチェックされた。銃を持った男らが汽車を止め、帰国する日本人から金品を取り上げるのだ。釜山につくまで何回も野っ原で列車を止められ、地域の男たちに奪われたため、多くの人々がスカンピンになってしまった。こうしてやっと釜山についても泊まれる所はなく、夜は港のコンクリートの上でリュックに寄りかかって寝た。

釜山からは漁船をチャーターして対馬へ向かったが、海は恐ろしい時化で、大波のてっぺんから波底へ船が滑り落ちるときは、何かに必死でしがみついていないと、海に放り出されそうになった。吐くものもなくなり、へとへとに船酔いして対馬へたどり着いた。

これは台風の余波の中、帰国をあせった親たちが無理をしたのだと後に聞き、よく命があったものだと震えあがった。

四、珠丸事件

どうにか対馬まで行き着いたものの、漁船はそこまでしか行ってくれないので、博多への船が出るまで対馬で待たなければならなかった。その為、対馬には帰国を急ぐ大勢の日本人がどんどん溜まった。何日か経ってやっと正式な引揚船の第一号が博多へ向かうと聞いて、大勢の帰国者が荷物をまとめ、喜び勇んで船に乗り込んでいった。だが、私の家族はその引揚船に乗ることが出来なかった。それは二歳の妹が長旅でお腹を壊し、血便を出していたためである。対馬の病院で「いま動かせばこの子は死ぬ」と言われ、乗船を諦めたのだ。

その後、間もなく宿の人たちの騒ぎに気付いた。何ごとかと二階の窓から表の通りを見下ろすと、左側の港の方から、担架や戸板に乗せられた遺体らしきものが運ばれていた。始めの数体は筵やゴザ等が掛けられていたが、その後は覆いもなく、布を巻き付けられていたものや、身体が半分しかないような遺体が、どこかへ慌ただしく運ばれていくのを私は目を皿にしてみていた。すると後ろから「見るな!」と肩を引っ張られた。母だった。

私が見ていたのは今朝、別れた人々の姿だった。公式引揚船第一号の「珠丸」が機雷に触れて爆発沈没したのである。戦後の船舶事故では史上二番目の大事故といわれるこの災難を逃れた我が家は、強運だったとしか言いようがない。

五、終わりに

幼い日に体験した引揚は、あまり人に話すこともなかったが、あの親切で勇敢な船頭さんがなぜ縛られていたのか。列車が何度も止められてひどい目に合わされたのは何故か等、帰国してからも、ふと思い出しては疑問に思っていた。それは夏の日のある日突然に「日本人帰れー!」と叫んでいた若者たちの様子と合わせて考えると、日本人は憎まれていたんだ。日本人に親切にしたり協力した人は、同国人から酷い目に合わされる。それほど嫌われる事を私たちはしていたのか…と少しずつ考えるようになった。

しかし、幼いとき、身辺にいた人々がとてもいい人ばかりだったので、そういう風にすぐには考えられなかった。父母は何も話さない。中学、高校でも近現代史は教えない。国は戦争の総括をしないままずるずると年月が過ぎ、私はよく分からないままだった。大人になってやっと我が国は、先進文明を伝えていた隣りの国を植民地化し、どんなことをしていたのかが少しずつ分かってきた。

こんなに歳を取ってしまった今、私は日本人として深く反省し、自分に出来ることはどんなことかと考え続けている。

［まつざき　なおこ］

◆**蓄音機**　ハンドルを回して音楽を聞く私と弟。［昭和18年頃］

episode 10

旧満洲奉天省

ほうてん（ムクデン）

奉天からの引揚

「徒然」

川谷千鶴子
Kawatani Chiduko

まえがき

私は今年八十五歳を迎えて平凡な生活を送っている白髪の婆です。五年前に連れとは永遠の別れをしました。毎日曽孫の世話し会話をして楽しく過ごしております。

生を受けて八十五年間、それは〱多事多難に遭遇しました。特別の習いごとなどする機会を失くしましたが、あえて趣味といえば筆を動かすことぐらいでしょうか。渡満して満洲国での敗戦を迎え、そして引揚げ、ここに平穏な今日までのことを徒然なるままに書き記してみました。

平成二十一年四月十九日に八十五歳の誕生日を迎えて、敗戦六十年満洲から引揚までの記憶をたどり、できる限り筆を曲げないで書いたつもりです。

◆関釜連絡船　下関港。［昭和４年７月２日：絵葉書／のぶ工房蔵］

八十路坂　越えて波動の　日々を過ぎ
連れなき今日も　哀しさ残る

昭和十九年

［昭和十九年五月］

下関港より釜山港まで関釜連絡船に乗船しました。ところが私たち夫婦がみすぼらしい服装で一等船室の乗客として入室したところ、戦争中のことなので不審に思った事務長が何回となく調査に来て困惑しました。幸い叔母が同伴だったので、証明してくれたので気分的に落ち着きました。几帳面な主人だったので大変苦労もしました。だが頼れるのは主人のみです。優しい面もあり、幸福な日々を感じておりました。

家の心配はないものと思って渡満してきましたが、私たち夫婦が住居する家は小さな煉瓦造りの一間の倉庫でした。うす暗くて小窓が一つありまして情けなく思いました。七月に入りました。満洲の夏は特別暑くて足の裏まで焼きつく位でした。

秋の季節が短くて九月より冬支度に入りますが、来年四月までの野菜を買い込んで部屋の中に保存します。玄関先に置くと凍結して石より固くなります。いよいよ冬到来、寒いこと話になりません。どこの家庭も「ペチカ」で暖をとられます。ペチカは大人三人で手をつなぐほどの大きな煙突で部屋の中央にあり、石炭を燃やして暖をとります。ユカタ一枚で生活できます。

私の家は古びたストーブで暖をとります。床に入るときは消しますので冷気を感じます。朝、目が覚めると押入れ、窓辺は氷がキラキラと光り、氷柱がたれて見るからに「ゾッ」とします。まるで映画のシーンみたいでした。

ペチカのある家をうらやましく思いました。いままで雪という雪を見たことがない私だったので、心の底より寒さが身にしみました。初めて見る満洲の冬景色、珍しくもありましたが、なれない生活と寒さの不安な日々でした。

昭和二十年

戦争中のことでしたが祖国日本の状況は全く分かりません。奉天駅にも爆弾投下の不運がきました。ソ連との戦争が始まったのです。満洲在住邦人にも召集令状が来るようになりました。

〔昭和二十年六月〕

主人に召集令状がきました。関東軍入隊、奉天市内連絡係任務。覚悟はしていたものの、令状を受けた時の「ショック」。何ともいゝつくせぬ思いでした。主人も生還しては帰れないという覚悟の召集ではなかったのでしょうか。

◆**奉天**　奉天駅。〔昭和戦前期の絵葉書／提供：藤田道子〕

〔昭和二十年七月六日〕

奉天市貴和街産婦人科入院、長女出産する。命名貴和子。

貧しいながらも我が家に待望の灯がともり幸福を感じました。真っ先に喜んでくれたのは主人でした。毎日のように子供の顔を見て帰隊しておりました。病院を立ち去る後姿を見るのは切ない思いでした。尾形の叔母が命名から初着まで求めて祝ってくれました。感謝の気持ちでいっぱいでした。退院して間もなく突然のことです。主人より面会に来る様に連絡がありました。生後の灯も経たぬ子どもを抱き「マーチョ」にゆられながら、主人の部隊にかけつけました。ところが残念ながらすでに移動したあとでした。情けない思いと悲しさを胸に秘めて奉天駅へとかけつけました。幸いと申しましょうか、そこには何万人とも知れぬ関東軍が集結しており、物々しい雰囲気でした。主人を探すのに右往左往しましたが、なか〳〵見つからず、あきらめて帰ろうとしておりましたところ、主人が飛んできてくれまして念願が通じたのか親子三人の面会ができました。何を話したか覚えていませんが、主人は子供の顔をじっと見ておりました。それは束の間でした。主人の気持ちを察するとき、お互い淋しい哀しい又何時面会できるか判らない別れとなりました。主人のこの時の気持は、生還して帰れない覚悟の気持だったことと思いました。明日からの生活の不安と寂しさを感じながら子どもを抱き奉天駅を後にしました。主人の後姿を見て、これが最後になるのだろうかと哀れに思いました。強制労働に連れて行かれたとのこと、終戦になっていないのに、何でと一抹の不安を感じました。

それから主人のいない我が家の日々、子供のいじらしい笑顔を見ては主人のことが思い出されて、寒かろう苦しいだろう、食べ物は等々、捕虜生活を想像して涙があふれる毎日でした。腹巻に主人の写真を入れ、日々子供と共に無事を祈りました。主人がいない留守中の生活は何とかそれなりに又子供にいやされながら懸命に生きる力をあたえてくれました。

［昭和二十年八月十五日］

満洲国も戦争が激しくなりましたので、せめて朝鮮まで南下すれば日本に帰国することができるのではないか、という話がまとまり不安ながらも行動しました。慌ただしい時間の中で大型リュックの中へ主に子どもの品をつめこみ、恐怖を感じながらマーチョ馬車で奉天駅へかけつけました。奉天駅は日本人の南下で大混雑しており、汽車に乗れそうもありませんので皆でもとの我が家に帰りました。荷物を降ろしてほっとする間もなく正午のラジオで雑音のなか君が代を耳にしました。なんで今頃、君が代かと、又も雑音の中、天皇陛下のお言葉とのことで、とぎれとぎれに終戦の宣告がありました。真実を知りまして皆座して涙、涙でした。不安とおそろしさが日本人のみにのしかかって来ました。終戦の報を聞いて、あの時汽車に乗れなかったのが幸いだったのでしょうか。生きていること、命あることをつく〴〵感じた瞬間でした。又も神仏に感謝。

［昭和二十年八月同日］

終戦の放送がありました直後に外が騒がしくなりました。これまで日本人が大きな希望と夢を抱き渡満したのに敗戦となり生活が一変しました。ほんの何時間前まで家族揃って平和で豊かな生活だったのに、予期してもみなかった敗戦の恐ろしさを感じました。まるで天と地がひっくり返った有様で、街中は満洲人、韓国人が各乗物を使用して日本人経営会社、社長宅、資産家、あらゆる倉庫等を略奪して右往左往する大混乱でありました。日本人は家の中よりその様子を敗戦のおそろしさ、悲しさ、くやしさ、情けなさの心痛の思いで只々見入るのみでした。

叔母の家にも朝鮮人が数人土足のまま入り、天井裏からあちこち家中を探し回りました。その間は家族は皆拘束されておそろしい思いをされました。物々しい雰囲気でした。満洲人の警察が来てやっと解放されて、皆無事だったのが幸いでした。

間もなく奉天市内に戒厳令が出されて日本人は外出禁止になりました。それからソ連軍が奉天市内に入って来ました。あちこちに銃声がなり、恐ろしく夜も眠れない日々でした。街中をソ連軍が銃を持ち歩き、日本人を見ると男女問わず使役につれて行きました。又土足のまま人家に入り乱暴して帰ります。毎日が身の縮まる生活でした。子供を抱きしめて身の安全を守りました。
叔母が皆さんの身の危険を案じて借家を鉄柵で囲んで出入口を一ヵ所にしてくれましたのでソ連軍が自由に入れなくなり、やっと気分的に落ち着いて眠れるようになりました。昼間は皆で身の安全を守りました。それから借家の皆さんに「青酸カリ」を渡されました。最悪の場合、皆一緒に自決するようにとのことで毎日肌身離さず持っておりました。

[昭和二十年九月]
借家の奥さん方全員、髪を切って男装しました。顔に鍋ずみをつけて等々毎日が物々しい恐怖感でした。

[昭和二十年十月]
外出禁止令廃止。
そろそろ治安も少しずつ落ちつき平静さを感じるようになりました。義兄の提案で市場で野菜売り又野菜行商をすることになりました。久方ぶり日本人の姿を見るようになりました。朝早く行き商売していると満洲人が来て、野菜を投げとばして自分の場所にするのです。敗戦国になったので逆らうことなく泣寝入りする他ありません。どこまでも敗戦の悲しさ、くやしさ、情けなさの思いで胸が痛みました。冬の行商は寒くて辛いものです。リヤカーに布団を敷いてその中に野菜を入れて、家庭訪問をします。売れた時は気持ちがいいけど売り上げの少ないときは何ともいいようのない心境です。行商から帰ってみると子供は机の下で眠っています。切ない哀れな気持ちで主人がいたらと涙してきました。親子が世話になるだけでもと感謝の日々でした。主人の分まで頑張らねばと思いました。

［昭和二十年十二月］

敗戦後はじめての正月が迫ってきました。又も義兄の提案で餅をついて売ることに決まりました。義兄、豊坂さん、中上さん三人で餅つき道具をつくり見事に出来上がりました。市場で餅をつきながら売り捌き、売れることおもしろいように売れました。お陰様でお正月を迎えることが出来て皆と幸福を感じました。

昭和二十一年

日本人引揚の話が入ってきました。留守家族が優先らしいとのことでした。本当であればと祈らずにはおられませんでした。月日も判らず只引揚げといっても主人のいない我が家、何の貯えもなく先立つものは金、或る日突然引揚げは五月頃とのことで、一人千円持ち帰れるとのこと、毎日金の工面が心配で子供の顔を見てはいやされました。それから私も何とかしなければと気持ちがあせるのみでした。引揚の話があって間もなくして、日本人の奥さん方が満洲人街へ衣類を売りに行く姿が見え始めました。我が家は貯えもないし、又金になる目ぼしい衣類もありませんし情けなく思いました。何とか工面しなければと夜も眠れません。子供の寝顔を見て涙してきて、またもや主人がいたらと…最終的には主人よりの引き出物の訪問着を手放すことにしました。身をそがれる思いと悲しい、悔しい思いを胸中に秘めて満洲人街へ訪問着を肩にかけて売りに行きました。

満洲人が右往左往するなか、恐怖感で逃げ出したくなりました。油断すると盗まれるのです。やっとのこと売れました。悲しい別れとなりました。心中で主人に申し訳なく思いました。翌日紋付を持っていきましたが、なかなか売れません。心中は複雑で売れるように祈りました。やっと売れました。何とか一人前の千円ができました。あと一人分が何を考えても出来ません。子供の顔を見ていやされ勇気づけられましたが、しかし私には千円は大金でありまして毎晩〳〵来る日も〳〵そのことのみで苦しい思いの送日でした。

目前に迫りくる引揚の日となりました。とう〳〵恥をしのんで頼むしかないと思いました。快く貸してもらって感謝しました。それから毎日帰国の準備に取り掛かりました。殆ど子供の品です。布袋二個、大型リュック一個。子供は生後十ヵ月なのにこんなに苦労させてと切ない思いで胸が痛みました。主人からの宝物子供を是が非でも日本へ着くまでは守り続けてと祈るのみでした。子供の服は豊坂さんが作って下さった、主人のアンサンブルの着物がありましたので、私は自作自己流で縫いました。仕立てあがった時、作れる喜びを味わいました。又主人の帯がありましたので助かりました。出発前の練習を毎日しておりました、子供を前にくくりつけ、両脇に布袋、背に大型リュック。重いこと。減らす品はありませんし十ヵ月の子どもを大切にして、引き揚げの日を待ちつつ。

［昭和二十一年五月］

奉天市引揚第一号　奉天駅集合　留守家族優先。

◆奉天　奉天駅頭。［昭和戦前期の絵葉書／提供：藤田道子］

子供連れの帰国なので大変かと叔母が心配して、姪御さんを同伴してくれて感謝しました。男子大学生二名世話係として配置されました。引揚の気持は、敗戦のみじめさ、悲しさ、情けなさ、おそろしさの帰国であり、皆の面もちは言葉にならぬ心境だったと思います。

いよ〳〵日本への帰国。「真実かしら」夢のようでもあり、せめて奉天を出るだけでも恐怖感から遠ざかると思いました。

出発時間が迫り乗車寸前、一人二百円没収され逆らうと大変です。貨物列車で無蓋車です。いよいよ乗車しました。雨が降らぬように祈りました。貨車だから乗降に苦労しました。すしずめの状態で汽車が走りました。どのくらい走ったか時間も判らず停車しました。又二百円没収とのことでした。それから走り出し又も停車、何回となく繰り返しでした。

ある駅に停車したところ、見渡す限り大広場で下車の命令があり、全員荷物をおろして満洲人の指示に従い各班ごとに荷物の検査がありました。めぼしい品は没収されるし恐怖でした。検査が終わり手早く出発の準備する、やっと完了する。今度は野越え山越えての集団で歩きました。集団に送れぬよう歩き、子供の顔を見てここまで泣かなかったのが幸いでした。勇気づけられ懸命に歩き続けました。何時間歩いたか記憶にありませんが、日本へ帰れる希望を持って荷物の重いのも忘れて歩き続けて駅につきました。留守家族なので女、子供さんが多く哀れでした。途中で子供さんを山に残してきた人もありましたとか。

駅についてほっとする間もなく列車に乗車たら走り出しました。どのくらい走ったかわからないが、日本風の家が目前に見えてきて皆の声が細々聞こえ始めました。そろ〳〵疲れと不安がつのってきました。列車が停車してここで一週間の難民生活とのことで、荷物を持って降りました。日本風の家は日本人学校とのことで荒れ果てて原型をとどめるのみの有様でした。敗戦のもののしさを感じました。大きな堤があり泥水で生活した記憶がしております。皆がそれぞれの荷物をおろして、何ヵ月ぶりの苦労の旅のような…少しは人間らしく見え、語らいもするようになりました。

子供をおろして力いっぱい抱きしめて、体力的にも耐えてここまで命をたづさえてくれ「ありがとう」もう一息頑張ってと祈りました。主人の写真を出してここまで無事親子でついたことを報告しました。満洲人が商売に来る茶碗一杯十円の食べ物を子供に与えておりました。子供の途中の食事は記憶にありませんがそれなりの食事を与えていたのでしょう。

日々人間らしい気持ちになり語り合いもするようになり、あっという間に一週間の難民生活も終わりを告げるころとなりました。皆荷物の準備にとりかかりました。帰国の希望と喜びを夢見ながら錦《チン》県《シェン》の出発となりました。子供を前にくくりつけて両脇に布袋、背に大型リュックと完了して駅へと向かいました。やっと駅につき又没収、貨車にのりこみました。

皆の顔がいきいきとして今度こそ日本へ帰れるとコロ島に向け発車しました。海が見えてきて胸一杯の感情がこみ上げてきました。車中が騒々しくなりました。念願のコロ島到着でした。敗戦の恐怖の中からやっと抜け出し生きた気持でうれし涙がこみ上げてきました。降りて皆さんと喜びあいました。子供と共に帰ることが出来てもう一息日本の地を踏むまで頑張ってと祈りつつ。乗船前に検疫がありました。引揚者全員異常ありませんでしたので、乗船開始となりました。

目前の岸壁に横たえる日本軍艦が私たちを出迎えて日の丸の旗をなびかせておりました。今日こそ日本へ帰国されるのだと思いました。悪夢から救われた心境で皆と涙して喜びあいました。この時ほど日の丸の旗を見て感激したことはありませんでした。引揚者全員安堵の顔で乗船することが出来、神仏に感謝しました。船室は二段に仕切られて座ると頭がつかえる位でした。子供を降ろしてほっとしました。耐えて来てくれたことに只々「ありがとう」精いっぱい抱きしめて・・・。皆さんの顔がやっと人間らしく見えて久方ぶり笑顔で語り合いする有様でした。

［コロ島出帆］

軍艦に乗船して敗戦のおそろしい道のりだったが、やっと恐怖感から解放されまして生まれて初めて味わう軍艦食をいただき、久々の幸福を感じました。旧軍人さん方が「大変だったでしょう」とその一言が胸一杯で涙がこみ上げてきました。上陸地はハカタ港とのことで船内がざわめき、上陸準備で騒々しくなりました。船内放送でハカタ到着とのことで日本へ帰国した実感がわいてきました。別れの挨拶もそこそこに散り散りばら〳〵皆去って行きました。

上陸して驚きましたのは爆撃で焼野原になっており東西南北も判らぬ有様で呆然としました。福岡でも戦争のもの凄さを痛感しました。引揚者のみすぼらしい姿に何の恥じらいを感じる余裕もなく目的地の義姉の家を探し歩きました。

昭和二十二年

［昭和二十二年一月］

永遠の別れ、貴和子死亡。

或る日突然予期してもいなかった「黒ハシカ」が流行して発病しました。懸命に看病しましたがその甲斐なく私の宝の子を無常の風がつれ去り、永久の別れとなり哀しい情けない運命となりました。一日だけでも父との面会をと希んでおりましたがそれもかなわず逝ってしまいました。

主人に何とわびていいか胸の張りさける思いでした。「壱岐まで帰って来てくれてありがとう」と感謝。運命と思いながらも悲しみは日々つのる一方でした。世話になっている者ですから悲しんでば

◆永久の別れ

かりいないで、働かねばと焦りが出てきました。主人がいたらと、涙。職探しに専念していると私には無理かもしれませんが、仕事がみつかりありがたく働かせてもらいました。感謝。毎日懸命に努力しました。無心に遊ぶ園児が私の心をいやしてくれました。生活に一抹の希を託してくれました。

昭和二十三年から

［昭和二十三年五月／舞鶴港着］

三年間の抑留生活を終え生還。

突然主人より電報があり、明日零時ハカタ駅着、夢かとばかりに驚きました。信じられませんでした。一日千秋の思いで一目散にあの坂をかけおりたか判りません。帰って見て真実を知りました。私の心中を真っ先によぎったのは亡くした子供のことを主人に何といったらよいのかということです。

悲しいせつない気持ちで涙がこみ上げてきました。そのいっぽう、主人の日ごろの精神力と忍耐でソ連国の過酷な酷寒の中を乗り越えての生還だと思い悪夢から救われた気持でした。

又も神仏に感謝。

その日の中にハカタ行きに乗船、時間は記憶にありません。義姉の家へ世話になり主人の生還を告げると皆がよろこんでくれました。翌朝、駅のホームに上りました。生還される皆さんの家族の出迎えで大混雑しておりました。構内放送で「舞鶴港よりの列車到着します」という間もなく列車がホームにすべり込んできました。車窓より旧日本の軍人さん方が顔を出しておられ異様な雰囲気でした。家族の皆さんも私と同じで一日千秋の思いで今日の生還を待ち希んでと‥‥出迎えの皆さんが我先にとかけより、ホームは大混雑の有様でした。どこを探していいのか、右往左往しながら不安な気持ちで立っておりましたところ、ひょっこりと主人の方から探してきてくれまして、他の人にはばかることなく三年間の思いが一度にこみ上げてきました。涙の対面と無言の一瞬でした。

この時はじめてお互いの生存を知り合いました。子供の姿が見えぬので寂しく思ったことでしょう。心の中で子供のことを何といってわびたらと‥‥その時主人の方から私の気持ちを察したのか、「あの敗戦の中を十ヵ月の子供を連れてよく帰って来たね。ありがとう。とても帰国はしてないと思って半信半疑で帰ってきた」と語ってくれました。主人のその言葉で救われました。主人は脚気と栄養失調を患い体全部腫れてみるからに夫の面影はありませんでした。過酷な捕虜生活を想像して哀れでした。又も義姉の家に世話になりました。皆が喜んで迎えてくれました。夜は久方ぶり馳走になり捕虜生活を語ってくれました。そのとき主人は三年ぶりに日本食を味わっており幸福なひと時だったことと思いました。三年間の「ソ連国」での捕虜生活の中で過酷な重労働から解放されての帰国で精神的にも大変苦労があったものと…生還してくれましたことを心より感謝しております。神仏に感謝。

帰国後、静養する間もなく腰痛を抱えながら一日も早く働かねばと思い、あれこれと慣れない仕事に没頭しました。その間多事多難の苦労の連続でした。八十路を越えるまで夫婦揃って生活できたのがありがたく不思議なくらいでした。

主人は四年前米寿を迎え三年間光武での闘病生活の後、永久の旅立ちとなりました。主人の側で寝食を共にし語り合いも出来まして最高の日々だったと私なりにオモッテおります。八十歳まで生きてきたことが夢の奇跡と思います。

現在、私があるのも几帳面な主人と子供のおかげです。一人旅も出来まして歩ける幸福を感じており、生命のある限り今の幸福を大切にして人生を悔いのない様にと念じております。幸福の源は子供、孫、親戚、社会の皆さんとの交流のおかげと感謝しております。

外地より生死の中をくぐりぬけようやくここまで生き延びて故郷に帰り着きました。引揚者という言葉は風化してしまいました。敗戦という苦難の道を乗り越えての尊い体験であります。戦争を知らない若い世代の人々に平和が今後、永久に続きますことを心から希みます。

［かわたに　ちづこ］

episode II

朝鮮半島咸鏡北道

羅南《らなん》（ナナム）からの引揚げ

Yamamoto Chieko
山本千恵子

一、終戦までの朝鮮半島北部での生活

私ども家族が住んでいたのは朝鮮半島の咸鏡北道清津府羅南という陸軍の町だった。

父は九州熊本、母は北陸富山の出身。ともに向学心が強く、田舎を飛び出し、新天地に夢をかけたのだろう。日本にあっては、まず出会うことのなかった二人が結婚したのは、昭和八年（一九三三）、私はその第二子で、姉、妹、弟の六人家族だった。羅南駅前の一等地に駅弁屋さんと並んで我が家があり、父は酒造業と倉庫業を営み、母は助産婦の看板を掲げ、多くの赤ちゃんをとりあげ、家には大勢の人が出入りしていた。

両親が子どもたちの将来に大きい希望や期待を抱いていたことは、姉の女学校受験勉強を支える母の気合いに、よく表れていた。

◆家族写真　羅南時代唯一の、弟が生まれる前の家族写真。引揚げ後に親戚からもらった。前列左から私（６歳）、妹、姉。後列左から叔母、父、母。［昭和17か18年］

通っていた国民学校では、分隊行進や避難訓練が頻繁に行われてはいたものの、日常生活では、空襲なども一度もなく、食糧も豊かにあり、何不自由ない日々を送っていた。

二、一時避難から、引揚逃避行へ

突然のソ連参戦により、事態は急変した。昭和二十年八月十三日早朝、父と母は（結果的にはそれが最後となったのだが）緊迫した様子で長い会話を交わしていた。その直後、父は直前に舞い込んだ召集令状に記された任地へ出発した。しかし、そこの軍隊はすでにモヌケの殻。一方母は、咸鏡北道々庁の出した指示通りに、山地への一時緊急避難を始めた。お腹の子を含む五人の子を連れての出発。牛車に当面の食糧、炊事用具や寝具類を積んで引かせたのだが、いつの間にか、その荷物は荷役を頼んだ朝鮮人たちに持ち去られ、女子どもだけの私どもは、隣組の集団からも取り残されてしまっていた。終戦をどこでどう知ったのかも私にはわからぬまま、羅南駅前の家へは戻ることなく、汽車に乗ることもなく、徒歩での「引揚逃避行」に入ることとなった。

辿りつく先々での集落の入り口では、勝ち誇った表情の保安隊と称する現地朝鮮人たちの検問・身体及び荷物の検査を受けた。靴底に敷いていたり、衿に縫い込んだりして隠した現金はじめ金目のものは強奪され、身ぐるみはがれてしまった。食料もなくなり、野草を採ったり畑の作物を盗んで食べたりもした。略奪を避け、昼間は山中に身をひそめ、夜、歩くこともあった。

興南へ向かう三〇〇キロほどの距離を子どもの足で約二ヵ月かけて歩き、人の多く集まっている興南へ辿り着いたのは十月末だった。ここでは発疹チフスが大流行していて、二歳の弟が死亡した。第四子にして初の男児だったので、両親は弟に大いなる希望を託していた。そこへ敗戦・逃避行に次ぐその息子の死。母は、それをどう受けとめていたか。

三、収容所での生活

興南では、遊郭だった建物に収容された。はじめは畳一枚に何人かの人が押し込められていたが、死者相次ぎ、減っていくのだった。

ここでは毎夜、ソ連兵将校たちがサーベルをチャラつかせ、軍靴の音をひびかせて「マダム、ダワイ!」

とやって来た。男装した女性たちが床下にかくまわれる女狩りが続いた。

これが二日市保養所での手術につながる現場だったことは、後に知ったことである。

ある日のこと、すぐ隣の家族のところへ追いついてきたご主人がいた。家族みな抱き合って喜ばれたその夜、その方はこぶしを突き上げ、大きい呻き声を上げて息絶えられた。

食糧不足は深刻だった。日銭を稼ぐためにたばこの吸い殻を拾い集めて巻き直し、立売してわずかの食糧を手に入れられた期間は短く、寒波が襲ってきた。みな一日を生きのびるのに必死だった。ソ連兵宿舎へ出かけて、ごみ箱からじゃが芋の皮などを拾い集めてきたり、下水道から流れ落ちる米粒を拾ったりもした。

北朝鮮の冬は、零下十度~二十度にもなる凍てつく世界だ。越冬中、死者が増えて行った。母は食べものがあると、まず子どもたちに与えていた。そんな母の体力は限界だったと思われる二月に、母は出産、それは死産だった。その三日後に、母も命尽きた。収容所は不潔で、母の救急カバンの中にはすでにガーゼ一枚とて残っていなかった。助産婦である母は、どんなに無念だったことか。

母が弟の時にした通りに、今度は姉が、母の爪と髪を切った。菰包みにした母の遺体を、三角山という山に葬りに行く大人の後について、子ども三人は凍てついた道を歩いた。

この山には、その冬予想される日本人死者のために大地が凍りつかぬうちに大きい穴が掘られていたが、二月末には遺体で埋め尽くされていた。

北朝鮮からの引揚者約三十万人のうち、二万~三万五千人といわれる人々が亡くなったという。な

◆母を見送る三姉妹

かでも富坪《プビョン》という地では、二人に一人が死亡したとか。

この北朝鮮の地は、戦後唯一、慰霊がなされていない。

四、三十八度線脱出から博多港まで

春が近づくと、生きて日本へ帰らねばとの機運が高まり、三十八度線脱出となる。子どもだけが取り残された私ども三人を、周りの人たちは先に日本へ帰らせようとしてくれたのだろう。五月という早い時期に興南を発って挑戦している。みなが出し合って集めたお金で雇ったはずの闇船に乗せてもらえた海路の脱出は成功しなかった。南の地に着いたとのことで降ろされた浜は、南ではなくまだ北で、だまされたのだった。

陸路による再挑戦となった。それは恐怖の体験だった。全身金縛り状態、足がすくんで進めない。「声を出すな」と注意の声。吊り橋状のところを渡らねばならぬ。下を見ると川らしきものが光っている。歯の根がガタガタ鳴り続ける。後にこの場面を夢にみてうめいたことが何度もあるほどの恐怖の脱出だった。

私は、脱出後のことを一切記憶していない。おそらく脱出時の極度の緊張がとけたところで安堵して、そのあと乗ったはずの引揚船の中では、安心して眠りこけていたのに違いないと理解している。

五、引揚後の日本での生活

五月末には博多港に到着。普通どの体験記にも書いてある——行列、テント、ＤＤＴ、おにぎり——なども記憶にない。だが、今までとは全然違う土地にいることだけは、はっきりしていた。白い新しいかっぽう着を着た人たちが大勢働いている！

そこで、大学生のお兄さんが現れて、私ども三人を連れて電車とバスを乗り継ぎ、父の故郷の熊本県南関町まで案内してくれたのを、しっかりと憶えている。

おかげで私どもは、大牟田市の叔父の婿養子先に落ち着けた。突然ころがりこんできたボロをまとった虱だらけの女の子たちを、この家の大黒柱は笑顔で受け入れてくれた。

そして、父の帰国を待つ間は、富山の母の実家に身を寄せることになった。ここで、私は一年間の空白をとばして小学校四年生に、姉は繰り返しの六年生に編入され、学校へ戻ることになった。それは嬉しいことだった。が、戦後の生活はいずこもきびしく、母が亡くなっていた事実は重く、肩身のせまい生活だった。

父との再会は、三ヵ月後に実現したが、一緒に住むには、さらに一年近くを要し、それは南関で親戚の家の一部屋を借りて始まった。

何せ無一物からのスタート。まず父は、自転車に仕入れた荷を積み売り歩く行商に励み、次には県境を越えて大牟田の三池炭鉱の炭鉱夫として臨時雇いで働くことになり転居と、私は日本で小学校を三回転校した。

屋根の傾いたあばら家を借りての生活、雨もりはする。生活用水は三軒先の井戸からバケツで運ばねばならぬ、家事に追われる日々が続く。炊飯器などないあの時代のこと。おまけに、引揚者というのに加えて、父子家庭という珍しさもあって、常に周囲の好奇の目にさらされていたような、特別扱いされていたようなぎこちなさのなかで必死に生きていた。

何にもましてつらかったのは、十円にも事欠く生活に毎日悩まされたことだった。父は、長く定職に就けず、懸命に働き続けたにも拘らず、生活は困窮を極めた。家族四人、その日その日を生きていくのに精一杯だった。そのため、家族で「引揚」のことや羅南の思い出を語るなどは一切なかった。

私は、「引揚」のことは誰に話しても絶対分かってもらえっこない、との思い込みが強く、話してみたこともなかったし、もう忘れたいと思いながらも忘れられずに悶々としていた。この引揚げのトラウマは、十ヵ月間の逃避行と、それに続く長い極貧の生活とを合わせて、五年、十年、いやそれ以上も、私を悩まし、苦しめ続けた。

しかし、私ども三人は、その貧しさの中でも、迷うことなくというか、別に話し合うこともなく当然のことのように受験し、進学し、高校へ、大学へと進んだ。「就職」という選択もあったはずだったろうに。

私は奨学金を受け、大学の四年間は遠距離通学だった。家庭教師のアルバイトを数件かけもった。その間、一日も休まずやり通せたのは奇跡に近い。それを支えたことの一つは、大学の課程を英語科と決めた時、父が語ってくれた話である。「お前の母さんは、平和になったら世界一周旅行がしたいと、戦時中もお医者さんの家にドイツ語や英語を習いに行ってたんだよ」。

私は卒業し、公立中学校教師となり、養護学校も含めて三十五年間勤務した。この間もやはり、引揚に関しては忘れようとの思いで、生徒たちにも語ることは稀だった。

六、転機、そして現在

羅南会の集まりなどには出席していた父が「羅南へ行きたい」と言いだした。そこで、戦後四十余年を経ていた父八十二歳、私五十一歳の時、せめてもの親孝行に、行ける所まではと、韓国を旅行した。

父は、昔のままだと喜び、私自身も、ここは私の故郷だと、なつかしい原風景を目の当たりにして驚いた。

帰国した日、私は号泣した。なにゆえの涙だったのか――たぶん、それまでの数十年間もの思いが一気にこみ上げてきた涙だったと思える。

私は、なぜ北朝鮮で生まれた日本人なのか？　日韓間の歴史は？　などの疑問がここでわいてきた。この旅が私を変えた。

さらに数年たつと「戦後五十年」という声が聞かれるようになっていた。それを機に、私は定年を待たずに職を辞し「引揚げ港・博多を考える集い」の世話人会に加わった。

この会は戦後五十年を機に引揚写真展、体験文集刊行、引揚記念碑建設などを実現した後も、引揚げの実態や博多港が日本最大の引揚港であったことを後世に伝えるべく諸活動を継続している。

ここではじめて、私は体験をまとめて語り、綴り、日韓の歴史を学び、仲間に刺激されて韓国語を学びはじめた。また、北朝鮮からの引揚者に呼びかけて「すずらん会」を立ち上げた。北への慰霊をご一緒しようと呼びかけたのだが、日朝国交回復の目途はつかず、ふるさと会として親睦の時間を共有し、今日に至っている。

韓国語の勉強はとても興味深く、私は実地訓練と称して、何度も韓国を訪れ、多くの人と語る機会を得た。日韓の悲しい歴史についても避けずに取り上げ、未来志向で良い関係を築いていこうと語りかけてきた。

そして今、大宰府史跡、太宰府天満宮、九州国立博物館の案内解説ボランティア活動を英語や韓国語でも続けている。日韓関係は今、新しい世紀に入り、新しい展開を見せている。真の意味での近く

◆**羅南停車場**　羅南駅前の風景。［昭和戦前期の絵葉書／故のぶ工房］

て近い国同士でありたいと強く願っている。

又、引揚体験を語るとき、いつも、あの羅南での豊かな暮らしは、多くの人々の犠牲の上に成り立っていたのだということを、その生活を懐かしがってはいけないということを、肝に命じている。それは侵出と戦争の結果であるのだ。二度とこの非道を繰り返してはならないと強く思う。

おわりに

今になってやっと思うに、両親には、子どもたちには高等教育を受けさせようとの堅い約束があったのに違いない。父は、それを絶対に守って見せたかったのだ。好きな酒も煙草も、子の学費に回し、借金もせざるを得なかったことだったろう。

そんないろんなことに遅ればせながら気づいた私がいる。そして、父からは母のこと、羅南のこ

◆**羅南**　羅南橋カラ生駒町ヲ望ム。［昭和戦前期の絵葉書／のぶ工房蔵］

と、その他の多くのことをもっと聴いておかねばならなかったとしきりに悔いている私がいる。

　妹は「すずらん会」を手伝っているが、姉は、決して「引揚」に触れたがらない、語らない。そのこと自体が、長女としての姉の体験した引揚は、妹たちのそれより、ずっと大変な労苦だったことを証明しているのだ。

　私とて半世紀の空白を経て、やっと語り始めたのだったが……。『人類は今、百年社会を実現し、過ちを繰り返さぬために、戦争の非を後世に語り伝えていく時間を手に入れた』というのが樋口恵子さんの指摘だ。

　さすれば、と私は今やっと、私の使命として「引揚体験」を書き、語り、後世に伝えていく大きい責務を担っていることに気づかされている。あらためて私の戦後処理元年を迎えているところである。

　最後になるし、ここに詳述はできないが、「引揚」

には、多くの奉仕、支援、援助活動＝今でいうボランティア活動が展開されたこと――孤児たちを見捨てなかった善意、各地での「〇〇日本人世話人会」の結成、医師団、学生、市民、寺などの自願奉仕、個人での引揚現場写真撮影等々の多様なボランティア活動があったことに、心からの感謝を表しておきたい。

おかげさまで、父の十七回忌もすませ、私ども三姉妹ともに七十歳代に入った。ありがたいことに、今のところは、そろって元気である。

戦争は、人々の平和な日常を打ち砕き、無念の死を累々と積み上げ、生存者にも苦難を強いてきた。戦争のない世界を！　と強く希求している。

［やまもと　ちえこ］

＊本稿は二〇一〇年の七十四歳時に記したものをそのまゝ掲載。

episode 12

旧満洲吉林省
こうしゅれい（ゴンヂューリン）

公主嶺からの引揚

「五歳で越えた三十八度線」★

尾崎満知子
Ozaki Machiko

一、家族

満洲に行く前、私たち家族は長崎県佐世保市の片田舎に暮らしておりました。父は農家の長男でしたが、時節がら職業軍人となり、満洲を含む各地を転任して家にはほとんどいませんでした。母の実家もさほど遠くないところにある、反物を織る織屋でした。和服をきりりと着こなした美しい母が、父の留守を守り働く姿は子供心にも頼もしく思えたものです。

私と四歳違いの姉は、とても活発な子どもでした。体格も大きく、いつも外で真っ黒になって遊んでいたようです。

父が留守がちだったとはいえ、それまでの私は、父の実家の人たちからも、母の里の人たちからも大切にされ、温かい家庭環境の中で何不自由なく育ち、暮らすことができたのでした。

昭和十七年（一九四二）の秋には弟が生まれ、父はそれはそれは大変な喜びようだったそうです。その頃、父方と母方の祖父が相次いで亡くなり、この時は父も一時帰ってきておりました。そして昭和十八年、父はまた満洲へ赴任することになり、今度は私たち母子もついて行くことになりました。父三十八歳、母三十二歳、姉八歳、私四歳、弟二歳、ほかにお手伝いさんの若い女性一人でした。

二、満洲からの脱出

私たち家族は、新京と四平の間の公主嶺という地区にあった軍の官舎に住むことになりました。

◆**公主嶺農事試験場の正門**
［昭和戦前期の絵葉書／のぶ工房蔵］

満洲はとても寒いところです。官舎は広く、ペチカやストーブで暖をとります。窓は二重になっていて、窓と窓のあいだに果物や魚を置くと凍って長持ちします。リンゴをペチカで焼くと焼きリンゴができて、それをおやつの時間によく食べました。

官舎を出てしばらく歩くと、見渡す限りの広々とした平野が開け、そ

◆羊の群れ

こを夕方散歩すると、羊飼いの人がたくさんの羊を追いながら家路を急いでいるのに遭遇しました。羊はとてもおとなしいのですが、臆病な私は初めて見る毛むくじゃらの生き物が恐ろしく、いつも泣いていました。

近くにはマーケットがあって、お手伝いさんが私と弟をつれて、時々パンやミルクを買いに行きました。父付きの副官の方が、私たち三人の姉弟をよく近くの公園に連れて行っては遊んでくれました。昭和二十年の春には妹が生まれました。まだ五歳の私は、戦況が悪化していることなど知るはずもなく、着物に白い割烹着姿の母に甘えることのできる穏やかな暮らしが続いていたのです。

それは全く突然のことでした。ある夏の日、私たちの住んでいる地区にソ連の兵隊が軍を進めているとの情報が入りました。八月八日にソ連が日本に宣戦を布告していたことは後で知りました。

父の命じるまま、母と姉、お手伝いさんの三人で慌てて荷物をまとめました。

終戦の後、父はシベリアに抑留されることになり、母は姉と幼い弟妹と、その頃百日咳を患っていた私を連れて日本へ帰らなくてはならなくなりました。父は家族との別れ際に、母に青酸カリを渡したそうです。その時の母の心情を思うと胸が痛みます。

私たちがいよいよ官舎を出る日、病気だった私に、父の部下の人だったと思いますが、おにぎりを作って持ってきてくれました。それは子ども心にもとても嬉しく、今も忘れることができません。

母が病気の私を、姉はまだ赤ん坊の妹を背負い、お手伝いさんは弟を背負い、持てるだけの荷物を持っての慌ただしい出発です。二年間住んだ家を離れるのは子供心にもとても名残惜しいことでした。同じ官舎に住んでいた他の家族の人たちと近くの広場に集まり、トラックに乗って南の駅へと向かいました。そこから大勢の人たちと貨車に乗り込み、さらに南下します。満洲から北朝鮮、そして三十八度線を越えて釜山へとたどり着かなくては、日本へ帰る船には乗れないのです。

それは私たち引揚者にとって、生死をかけた苦難の旅路の始まりでした。トラックから私たちが乗り換えた貨車は、大勢の人ですし詰めで、私はたちまち気分が悪くなってしまいました。列車は安東を過ぎ、北朝鮮との国境である新義州を越えたところで、ここから先は危険だということで全員下車し、近くの小学校に避難し、そこに四百人ほどの帰国者が集まりました。

この集団の世話をしてくれていた数人の兵隊さんがいましたが、間もなく引き返さなくてはならなくなりました。それぞれ小さな荷物を一つ背負い、「さようなら。みんな元気で内地まで帰りつくんだよ」と言い残して、学校の裏の山を登って行ってしまいました。私たちはただ呆然と見送るしかありませんでした。残されたのは女と子供のみで、とても心細く思いました。

◆弟と百日咳の私

九月には学校が始まるので、そこも出なければなりませんでした。近くに日本人が経営する酒造所があったので、私たち家族はそこに移ることになりました。そこには先に来ていた人たちがいました。酒造所は天井が低く、小さな窓しかない薄暗いところでした。その土間にもみ殻を敷いてむしろを広げただけの一角を与えられ、私たちは疲れた体を休めました。

数日後、弟が高熱を出しました。環境も悪く、ろくな治療もできない中でみるみる容態は悪化していき「おうちに帰りたい。お布団に寝たい。パンとミルクがほしい。」と、うわ言を繰り返していました。大好きなパンとミルクを買いに行っていたのを思い出していたのでしょう。お腹を空かせていた私もそれを聞いて泣いてしまいました。弟は回復することなく、そのまま亡くなってしまいました。弟のうわ言は今でも私の耳に残って離れません。そんな時にも、何人もの朝鮮人保安隊が土足で荒々しく入って来て、金目のものや寝ている毛布まではぎとって持って行ってしまいました。

もっと恐ろしいこともありました。ある日、体の大きなソ連

兵が入って来て若い女性の帰国者に向かって、「マダム、タワイ。マダム、タワイ。」と大きな声で叫びながら手招きをしました。女を三人差し出せというのです。手招きされた三人の女性は、まわりを見回してから立ち上がり出て行きました。

その後も同じようなことが何度かありました。当時の私にはその光景が何を意味するのかわかりませんでしたし、そのこと自体も忘れかけていましたが、戦後姉と当時の話をした時に、その光景がよみがえりました。いまその方たちの気持ちを思えば、とても辛く悲しかったことだろうと胸が痛みます。

三、疫病神の私

その頃の私は、満洲の家を出るときから罹っていた百日咳がひどくなっていました。現代では予防接種を受けることで感染を防げますし、症状が悪化しても、ほとんど死に至ることはありません。しかし当時の私は、病院に行くことも出来ず、満洲を出るときに持って出た薬もとうになくなり、栄養のある食事などとれるはずもなく、止まらぬ咳で体力を消耗し、ただ苦しいだけの毎日でした。そしてついに恐れていたことが起こりました。

他の子どもたちに病が次々と伝染し、毎日数人ずつ亡くなり、その亡骸は、裏の山に運ばれて土葬されていったのです。私の病はその後、奇跡的に快方へと向かっていきました。私が蔓延させた百日咳で多くの命が亡くなり、そして私は生き残ったのです。このことは後々私の心を長い間苦しめるのですが、当時五歳の私にはまだ分かるはずもありませんでした。

四、疎開地での生活

酒蔵の生活は、とても辛く苦しいものでした。大勢の人で空気も悪く、病気にならないほうがおかしいといえるほどの状況でした。実際、毎日のように多くの人が亡くなり、そんな中にもソ連兵が「マダムタワイ」と若い女性を求めてやってくるのです。

私たち家族と一緒に満洲を出てきたお手伝いさんは、まだ十七位の娘さんでした。母は心配して、ソ連兵が来ると家族みんなで、近くの背の高い麦畑に身を隠しました。隠れている間は怖くて怖くて胸の鼓動が全身に伝わるほどドキドキしたのを覚えています。私たちより先に酒蔵に来ていた方が、梯子のかかった天井裏にかくまってくれることもありました。まだ若いお手伝いさんの身を、母が何とか守ろうとする気持ちが、何の面識もないその方に伝わったのではないかと思います。ソ連兵が来るとそこへ逃げ込み、梯子を上げてみんなで息をひそめていなくなるのを待ちました。このようなことが度々起こるので、母は酒蔵を出て、田舎へ疎開することを決めました。

最初にお世話になった家の奥様は、日本の洋裁学校を卒業、母は和裁が達者でしたから、よくその方の手伝いをしていました。結婚式の礼服などを縫い上げてとても喜ばれていました。

しかしその家は、かなり人通りの多いところにありました。もしかするとソ連兵に見つかってしまうかもしれません。そこでもっと田舎の方へ移ることになりました。次の居場所では、同じように日本に引揚げる三家族で、一軒の家を借りました。他の家族のお母さん方は、外に働きに出て、その留守の間、母が子供たちの面倒を見ながら、炊事番などをしていました。またここでも時間をみては、近所の方から頼まれた縫い物や編み物を仕上げて、とても重宝がられていました

そのうち私は、近くに住む現地の子どもたちと仲良くなりました。家の外から「マチコ、ソトへ、ハイレ!」とおかしな日本語で呼び出されることもありました。朝鮮語の歌を教えてもらったりして、結構楽しく遊んでいました。今でもその歌は歌うことができます。

夕方になると、あちこちの家からカラカラと音が聞こえてきます。大きな釜で炊いたご飯を他の器に移した後、釜底に焦げ付いてご飯をしゃもじでこさいでいるのです。遊んでお腹を空かせた私は、その音のする家の台所へ走って行き、おこげのおにぎりを作ってもらいました。それを口いっぱいにほおばった時の、香ばしくて美味しい味は今も忘れることができません。

ときどき私たち三家族は、火を起こすための枯れ木を集めるために、みんなで近くの山に入りました。私たち子どもは、松の幹から出る松ヤニを「ガム」と呼んで噛みました。口に入れると最初は苦いのですが、噛んでいるうちにそれも気にならなくなり、何より空腹をおさえることができたのです

こうして私たちは、苦しいながらも何とか毎日を過ごしていましたが、やがて悲しい出来事が起こりました。とても可愛かった妹が、わずか十一ヵ月という短い命を終えたのでした。十分栄養もとれず医者に見せることも叶わない中で、小さな妹の体は数日前からの高熱に耐えることはできなかった

のです。昭和二十一年二月五日の夜のことでした。

朝鮮の人は、死人をとても嫌いました。その夜、家には近くの現地の方が数人遊びに来られていました。母は具合の悪い妹を胸に抱いていましたが、妹はそのまま静かに息を引き取ったのでした。母は、他の人に気づかれないように、涙をこらえながらずっと抱いていたそうです。

翌日の早朝、母は皆に気付かれないように、妹をネンネコで隠すように背負い、酒造所近くの合同葬儀場に急ぎました。先に亡くなった弟の隣に埋葬されたと聞いております。可愛いわが子の死に遭遇しながらも、母は泣くことすら許されなかったのです。

こうして四人だった姉弟も、姉と私の二人だけになってしまいました。私は相変わらずひ弱な体で、母の側を離れることができない子供でした。

朝鮮半島の冬の寒さはとても厳しいものでした。室内は「オンドル」という、起こした火の熱を床下に通す暖房のついた造りで暖かいのですが、一歩外に出ると、九州育ちの私たちが体感したことのない寒さであり、大きな河にも厚い氷が張るほどでした。

そんなとき私は、現地の子供たちと一緒に氷の上を滑って遊びました。お互いに片言の言葉で話しながら、次第に打ち解けていきました。それは楽しいひと時で、そのうち体もポカポカと温かくなり、寒さも忘れて家路につくことができました。

十歳になった姉は、毎日一山越えた村まで、現地の人の子守りに出かけていました。そしてそこで食事を済ませてから、夕方暗くなる頃に走って帰って来ていました。言葉も通じない家に毎日通うのはとても辛く、家族が恋しかったのだろうと思います。私も姉のいない昼間は一人で遊ぶことが多く、姉の帰りが待ち遠しくてなりませんでした。

その頃、母が過労からか急に病に倒れました。私と姉はどうすることも出来ず、再び酒造所に戻り、そこで母の養生をすることになりました。栄養のある食事もとれず、充分な手当てもできずにいましたが、回りの親切な方々のおかげで二ヵ月ほどで回復することができ、私たちはほっとしました。

その時もし母が死んでいたら、姉と私はきっと残留孤児になっていたか、もうこの世にいなかったかもしれません。母も床に伏せながら、自分も子供たちもこの先どうなることかと、不安で辛い日々だったろうと思います。

それから間もないある日、辛く苦しい日々を送っていた引揚者全員に明るい報せが届きました。祖国日本に帰還できるという待ちに待った通知でした。ついに疎開生活に終止符を打ち、日本へ向かって出発する日が来ました。その前日、親子三人で最後のお別れに、山のお墓にお参りに行きました。弟、妹をこの地に残しての帰国と思うと二人のことが不憫でならず、とめどなく涙があふれてきました。「いつか必ず迎えに来るからね」本気でそう語りかけ、墓標に手を合わせて、後ろ髪を引かれる思いで山を下りました。

こうして私たちは、ようやく帰国の途につきました。しかしそれは、三十八度線を越境するための過酷な道のりの始まりだったのです。

五、三十八度線

日本に帰るためには、とにかく朝鮮半島の南東部、釜山の船着場までたどり着かなければなりません。ちょうど一年ぶりの出発です。満洲を出た時には四百名ほどいた引揚者も、いつしか二百名ほどに減っていました。その一行が、これから長い道のりを密航しなくてはならないのです。

南市駅から列車に乗り込みました。列車が動き出すと、母が山の方を指さしながら、

「坊やたちのお墓に、さようならを言うのよ」

と姉と私に告げました。はっきり場所は判りませんでしたが、私たちは列車の窓から山に向かって手を合わせました。

私たちを乗せた列車は、四、五時間走って平壌に着きました。そこから先の走行は、すぐには危険だということで三日間ほど停車したようでした。その後ようやく走り出しましたが、すぐにまた停まってしまい、その日の夜遅くには、とうとう下車するよう命じられました。

その夜は皆で野宿し、翌日からは歩くことになりました。できる限り人目につかないように、用心しなければなりません。前を歩く人からなるべく離れないようにできるだけ固まって進みます。越えなければ帰国できない三十八度線へ向かって、ただ黙々と歩き続けました。

食事時になると、各班毎に当番制で炊飯し、簡単な食事を済ませます。そしてすぐにまた歩き出さ

なくてはなりませんでした。途中、トラックに乗車したりもしましたが、ほとんどの道のりを歩くことになりました。時折、朝鮮の保安隊に足止めとされ、写真やお金を取り上げられたりしました。

夜になると、火をおこすことはできないので、非常用の「焼き米」を食べて野宿します。一日中歩き通しで疲れ果て、空腹なのに何も食べず眠ってしまうこともありました。

◆雨宿り

野宿をしていると、雨に降られることもありました。雨宿りができる場所などなく、母は私が濡れないように、背を丸めて懐に抱いていてくれました。雨が上がると夜が明けるのを待って、ようやく焚火をして濡れた衣服を乾かしました。

こうして幾日も幾日も野宿をし、粗末なものばかり食べているうちに、ついには体調を崩す人が出てきました。進むことを諦め、行列から離れていく人、幼い子供を抱え、歩くことを止めてしまう人⋯⋯。その人たちはどれほど無念だったことでしょう。

それぞれみな必死で歩いていましたので、離脱していく人たちに手を差し伸べる余裕などありません。私たちも母、姉、私、そしてお手伝いさんの女ばかりの家族なのでした。

後に母は、先に亡くなった弟や妹について、
「あの子たちは、死んで親孝行をしてくれた」
と言っていました。当時の状況を考えると、それは言い得ているかもしれません。しかし、何と悲しい言葉でしょうか。戦争さえなければ、そんな悲しい思いをすることはなかっただろうにと思わずにはいられません。

こうして数日間歩いた後、ようやく私たちは、北朝鮮と南朝鮮を分ける三十八度線にある山のふもとに辿り着きました。この山を越えれば、もうソ連軍や朝鮮の保安隊に怯えることはないのです。しかし周りを見渡しても、大人たちに喜びの顔はなく、むしろ緊張している様子でした。

「何故みんな嬉しそうじゃないのだろう」

一日も早くこの旅を終えたかった私は、子供心に思いました。

その険しい山を越えることがどんなに大変なことか、私には全く想像できていなかったのです。人目のない山中では、もしソ連軍などに見つかると何をされるか分からないので、できるだけ早く越えなければなりません。険しい山道を、皆で励まし合いながら登っていきます。体力的には限界でしたが、ただ生きて日本に帰りたい思いで、必死に歩きました。夜を徹して山道を歩くのですから、ひ弱で幼い私にはとても過酷でした。私の歩く姿を見かねた人が、両手を握ってくれました。私は顔も上げず、その人たちにぶら下がるようにして、半ば眠りながら歩いていました。

こうして二日後の夜、やっとのことで三十八度線の峠を越え、ふもとの河原に下りることができま

した。疲れと安堵で夕食をとることも忘れ、一同は河原に倒れ込むように寝転んだのでした。何時命を落としてもおかしくはない境遇に幾度もさらされながら、私は死にもせず、捨てられもせず、現地に預けられることもなく、今でも生きていることが不思議に思います。

河原について一時間ほど経った頃でしょうか、遠くの方から、

「オーイ、オーイ」

と呼ぶ声が聞こえました。声の方を見ると、ぼんやり灯りが近づいてくるのが見えます。

それは、日本人とアメリカ兵からなる「引揚援護局」の人たちでした。見えた灯りは、その人たちが手にしていた懐かしい日本の提灯のものでした。

私たちは疲れ果てた体を起こし、アメリカ軍の援助で設営されたテント村まで歩きました。そこには明るい電燈が灯され、たくさんのテントが張られていました。すでに多くの引揚者でテント内はいっぱいでしたが、野宿に比べればありがたいものでした。久しぶりにまともな食事をとることも出来ました。

一週間ほどそこにとどまるように言われ、ゆっくり体の疲れを癒すことができました。それから私たちはテント村を出て、翌朝列車で釜山港に到着しました。釜山港には、大きな貨物船が横付けされ、私たちを待っていてくれました。

私たちは、二千五百トンのその船に乗り込みました。そしてついに、懐かしい祖国日本へと出航したのでした。大好きな祖母に会えると思うと、私の胸はわくわくと高鳴り、今までの苦しかった道の

りも忘れてしまいそうでした。

船内には舞台が設けてあり、そこで歌ったり踊ったりする人もいて、楽しく賑やかなひと時もありました。演芸に出演した人には、乾パンなどのご褒美が出ていたようで、いつもお腹を空かしていた私は、とても羨ましく思いました。

順調に航行すれば、翌日には博多港に到着するはずでしたが、結局一週間もかかってしまいました。そして八日目の明け方、はるか遠くに博多港の灯りを見ることができました。船内には、

「博多だ、博多が見えるぞ！　帰って来たぞ！」

と歓喜の声が上がりました。

昭和二十一年九月十八日、とうとう私たちは祖国日本に上陸することができました。上陸した港で、私たちは全員、「ＤＤＴ」という消毒の粉末を頭から振りかけられました。みんな体中真っ白になりましたが、そんなことより。無事日本の土を踏めた喜びでいっぱいでした。

博多の町は賑やかで、戦後間もないとはいえ、満洲や朝鮮と比べると、人も街も美しく見えました。商店街を通りながら、私は母や姉に、

「日本はきれいね」

と、何度も何度も言いました。その時の気持ちは今でも忘れることができません。

翌十九日、長い間苦労を共にしてきた引揚者の一行は解散しました。肉親に会える喜びを胸に抱き、それぞれの故郷へと帰って行くことになりました。

母も姉も、昼間明るいうちに郷里の佐世保に帰るのは、人目について恥ずかしいと思っていたようです。次の日の夕方、日が落ち暗くなってから、私たちは祖母の待つ佐世保の実家にやっとの思いでたどり着いたのでした。昭和二十一年九月十九日のことでした。

六、帰国そしてマラリア

祖母と伯父は大変喜んで迎えてくれました。父はまだシベリアから戻ってはいませんでした。伯父は私を見て驚いたように、「満知子が生きているじゃないか?」と大きな声で言ってきたのです。どうやら私は死亡したとの知らせが届いていたようです。やさしい祖母はその日から私を自分の布団に入れ添い寝をしてくれました。

姉と私は帰国して間もなくマラリアを発症しました。遊んでいる時に突然体がだるくなり、脱力感に襲われ高熱が出ました。寒さを感じ体がガタガタと震え、嘔吐し気力を失うほどでした。姉も私と全く同じ症状でした。これまでは潜伏期間だったのでしょう。

幸いなことに、姉と私は近くの医者に往診してもらいペニシリン注射と薬を飲みましたが、何度もこの症状に襲われました。とんだ引揚の有り難くないお土産でした。

朝鮮の暮らしでの栄養不足が影響し、帰国できても体力も抵抗力もなく、冬には寒さで両足にひどい霜焼けができ歩くことさえできず、登校することができませんでした。

私が小学三年生のころだったと思いますが、独唱会に選ばれて歌を歌ったことがありました。その歌は「平和の鐘」という歌で、正確には憶えていませんが「平和の鐘は　鳴ったけど　私の父さま帰りゃせぬ」といった歌詞のものでした。先生がこの歌を選んで下さったのはシベリアから未だ帰ってこない父のことを思ってのことだったようです。

七、父の帰還とその後

昭和二十四年十月、新聞にシベリアからの帰還者の名簿が掲載されている中に父の名前を見つけました。その時は家族みんなで大喜びしました。母もどんなにかホッとしたことでしょう。姉は中学二年生、私は小学三年生でした。母と姉と私の三人で下関まで父を迎えに行きました。四年ぶりの再会でした。忘れられないのは、親子四人で帰郷する列車が駅のホームに停車すると二十人位の人々が「異国の丘」の歌を合唱して下さったことです。私はとても感激で胸がいっぱいでした。いくつかの駅に到着する頃にはこの歌を覚えてしまいました。いまも懐かしのメロディの中で好きな一曲になりました。姉はもう一曲「お帰りなさい　ごくろうさま」という曲を覚えていると言います。

父は、シベリアの厳しい寒さと過酷な労働のため心臓を少し悪くしていました。しばらくの間病院に通って養生につとめておりました。一年後、小康状態になった昭和二十五年九月に弟が誕生しました。すこやかに成長する弟は一家の希望でした。

農家の長男として生まれながら、それまで鍬ひとつ持ったことのなかった父が農業を始めることになりました。そんな父が帰国後七年目の昭和三十一年一月の寒い朝の明け方、布団から出ようとした時突然脳溢血で倒れ、寝たきりの療養となりました。

おだやかな生活もつかの間、また母の苦労が始まりました。父の看病をしながら田畑に出て農耕し、現金収入が必要だからと乳牛を飼って乳を搾り酪農組合に出すのでした。

父は病床にあっても頭脳は正常でしたので、医療費や姉の大学の学費などの調達のため財産を売ることを、母に助言したり指示したりすることができました。父の決断があってこそで母はとても助かったそうです。あるとき父は一人息子の剣道着姿を一目見たいと言いだし、練習がよく見えるように父のベッドを縁側まで移動しました。父はとても上機嫌で特に息子の道着姿に目を細めておりました。

それから間もない昭和三十三年十一月末、父はふたたび倒れ、二度と目覚めることなく三年後、五十一歳の生涯を閉じました。

女手ひとつで四人の子供を抱えて満洲を脱出、途中で下の子二人は病で亡くし、命からがら残った二人の幼子と三十八度線を越えて、やっとの思いで内地にたどり着いた母は、私たちがその苦労のことを聞くと「皆が、そういう時代だったし、もう苦労したことは忘れてしまった」と言っていました。

しかしながら戦争は人間同士が起こす取り返しのつかない行為なのです。実際に生死をさまよってつらい思いをした体験者として、世界中、戦いのない世の中になってほしいと切に願ってやみません。

［おざき　まちこ］

episode 13

朝鮮半島咸鏡南道
こうなん（フンナム）

興南からの引揚

田島シゲノ
Tashima Shigeno

一、私の戦後の生活記

ラジオから流れる戦局のニュースを聞きながらの平凡な暮らしでした。昭和二十年八月十五日の朝のニュースで正午から天皇陛下の重大発表があるとのことでした。正午の時報とともに、ラジオの前に正座で聞いておりました。天皇陛下の穏やかなお声ではありましたが、それは敗戦の知らせでした。外地に住んでおりました日本人は、この日を境に悲劇の生活と変わりました。

主人は朝鮮鉄道に勤務しておりました。ある日に日本人の職員全部が一室に集められまして、二人のソ連兵が現地の職員五人ほどに銃を向けながら「日本は戦争に負けたのだ。この鉄道を朝鮮人に気持ちよく渡すかどうだ」とのことでした。銃口の前では「はい渡します」との一言で、日本人に「もう用はない。明日から来なくともよい」とのことです。主人は三十四歳の若さで十四年余り務めた職場を去りました。

そしてある時、光福寺から届いた一通の手紙は「この寺も九月からソ連兵の宿舎になります。故にあるものは全部処分しますので、父上の位牌と遺骨をとりに来る様に」との知らせでした。私の命もどうなるか分からないので、お寺に全部お願い致しました。興南高等女学校で兵隊さんが物資の配給をしているとのことで、友達と行きましたら、広い校庭に所狭しと並んでいる武器があり、そのとき初めて敗戦の涙で眺めました。又兵隊さんはどうなるだろうかと思いながら武器の間を通り抜けてやっと校舎に着いたときには、人の波で中には入れません。

二階に上がりましたら毛布とカヤを整理してある前に、二人の兵隊さんが待ちかねたように「早く持って行ってください。三時からソ連兵に引き渡すことになっております。時間があったらまた来てください」と。兵隊さんの声を後にして、随分貰ったようでありましたが五枚でした。喜んだのも四、五日でした。「兵隊さんからもらった毛布など全部公民館まで持ってこい」とのことでした。おそろしさで全部返しに行きました。その後現地の人が、私たちが返したものを使用しているのを見るたびに、敗戦国民の弱さをつくづくと感じてみじめでした。

リヤカーが日本人家庭から包丁を集めて回りました。先のとがっているものは、果物ナイフまで持って行きました。リヤカーの中は包丁の山でした。次の日に隣の主人が長い包みの中から二本の日本刀を出してしばらく眺めておりましたが、やがて丁寧に包みました。後で地下に埋めました。その姿が淋しそうで、敗戦の風が吹きまくっている感じでした。

◆ソ連兵に着物を渡す

九月になりましたら「官舎の家財道具をそのまま置いて出るように」とのことでした。私の晴れ着をまとめ終わりました時に、二人のソ連兵が突然侵入してきました。びっくり、どうしようもありません。主人がとっさに「この着物を上げるから静かに出るように」と申しましたら、喜んで持って出ました。鍵をかけ忘れたばっかりに。これで金目のものは全部なくなりました。残り物の整理が終わり明日どんなところに連れて行かれるだろうか、と不安な一夜が明けました。

さあ行きましょうとの声が出る前に、最後に我が家の中を振り返りましたら、何十年もかけて買い求めた家財道具を残して手に持つだけの出発です。引越より遊びにでも行くような身軽さです。淋しい引越でした。こんな目になりまして誰も無口でしたが、従うしかありません。外に出ますと、あるご主人は荷物をタンスの引出しの上にのせロープで腰に、リュックの上には坊やをのせて汗だく〳〵でした。いまこんな姿をみれば、マンガに見えるでしょうが、当時は皆真剣で誰の顔も緊張しておりました。

三角山

夕方、田舎の貧しい部落に着きました。畳一枚に一人の割り当てで、私達は四畳半に住むことになりました。仕事は農家の手伝いで、日当などはなく食事が出るだけでしたが、飢えている故に喜んでいきました。それでも毎日とはいきません。日本人世話会で人員を決めてくれるまで待つのです。或る日主人がタオルの包みを娘に渡しました。白いご飯にビックリ、姉妹で大喜びでした。三人分に分けてあげるとみそのおかずではありましたが、クリスマスとお正月が一緒に来たような喜びでした。

主人はそばで眺めながら「これだから向こうでは食えんよ」と一言。このまま引揚げなければ死者も沢山出ることだろうと。三角山に毎日交代で山の穴掘りに行きました。山をひと回り掘り終わった十一月頃には、零下三十余度もの寒さの中に飢えと寒さで毎日のように死者が出ました。お葬式とは名前ばかりでした。ムシロの上に仏様と棒を並べて端から巻いて仏ごしらえの終わりです。三ヵ所を結んで二人で三角山に行きまして置いて帰るだけの淋しい野辺の送りでした。

主人も五日くらいで当番になりまして。三角山に行きましたら、前日の死者の姿の横に並べて帰るのがつらいと申しておりました。国を出るときには大きな夢を抱いて、朝鮮までも来たであろう人々がこんなあわれな最期を。戦争は戦地で戦っている兵隊さんのご苦労はもちろんですが、銃後の家庭にいて生命を失くすのも同じ戦争の犠牲者には変わりありません。

私も市場帰りでお葬式に出会うことがありました。胴のまわりは小さな子供にしか見えないのに十一文位の地下足袋をみました。大人ですねと友達と手を合わせてお見送りすることも度々でした。日本の兵隊さんが捕虜ですから、牛車に松の木なぞを積んで通る列に出会うことがありました。二十メートル位の間隔にソ連兵が銃を手にしていて私たちが近づきますと、銃口は私たちの方へ向け変えられます。言葉が分からないので、口を固く結んで通り過ぎるのを待つこともありました。男性は労働に使用する故に、十八歳から六十歳までの男性は他地区には行けません。或る時に安辺《アンビョン》方面に二百五十人ほどの募集がありました。京城に少しでも近くなるので行くことに決めました。家族もともに五百人ほどが興南駅を貨物列車で安辺へと向かいました。

三十八度線を目指して

駅に着いた時に私たちの運命が変わりました。駅長さんは、主人と同じ職場で何かと面倒を見てあげた人です。駅長の官舎に行き、風呂や食事などを頂いて休んだ後に駅に行きました。ところがもう日本人の団体はおりません。内地に帰るチャンスだと思いましたが、電車には乗れません。駅長さんが貨物車にでもとのことで、三歳の娘を背に石炭車の上に高圧線に触れないように頭を下げてと駅長さんの声を後に、これで内地に帰れるならばと必死でした。

下車をしました時に幸運に恵まれました。元山《ウォンザン》からの引揚者が三百人ほど、孤児は三十人ほどが下車してきました。この大団体と孤児は私の子供と同年配です。歩くのにも子供に合わせてくれました。現地人の道先案内まで連れての団体です。三十八度線より手前の駅で下車をしました故に、山道を歩くこと一泊二日。河原に出ると石を並べてかまど代わりでご飯を炊き、残りを弁当にしてまた行進。国境から脱走兵が鉄カブトでご飯を炊いているのを子供が珍しそうに眺めておりました。

出発のときに荷物がないと不審に思われるから荷物を持たせてとのことです。子供のものを二人の兵隊さんにお願いしました。こんなことなら道中に捨てることもないのにと、兵隊さんにめぐり合うのが遅すぎました。疲れているので一枚二枚と捨てるしかありませんでした。現地人が捨てるのを待っております。やっとのことで川上の渡し場につきました。

女や子供を先に渡してくれました。河原で待っていると「かくれろ」でと大声でどなられ、やぶの中で待つこと一時間余りで全員が夢にまで見た南朝鮮の地に。

京城から釜山、そして博多港

それから駅までが大変でしたが、下り坂で助かりました。道中で現地人に出会ったこともありましたが、「苦労をしましたね。もう日本に帰られますね」とやさしい言葉をかけてくれました。

◆博多湾と博多浜部の廃虚　湾内に引揚船が並ぶ。一週間ほど停泊して、検疫等の安全が確認された後に上陸が許可される。右上に引揚港が見える。現在その地には博多港引揚の碑とモニュメントが建ち、その周辺には朝鮮半島から引揚げた女子高等師範学校ら７校の生徒によるオオシマザクラが４月になると清楚な白い花を咲かせている。また右側の大通りは博多駅から築港へ通じる大博通り。中央に焼け残ったビルは奈良屋国民学校。［昭和20年10月２日／米国立公文書館蔵『米軍が写した終戦直後の福岡県』より転載］

アメリカ兵が、貨物列車に乗れるように手続きをしてくれました。夕方、京城に着きました。日本人世話会でコウリャンの入った赤いお粥をいただき一泊して、朝釜山へと又貨物車で。釜山でいろいろ検査のために一泊してから小さな漁船で福岡の博多港に着きました。一週間ほど船の中です。下船できませんので博多を眺めながら空腹に耐えました。やっとのことで下船出来ました。

貨物車ではありますが駅まで送ってくださいました。戦後一年近くにもなるのに見渡す限り焼け野原です。たまに黒焦げになった柱がぽつんと見えるだけの淋しさでした。駅前には引揚者のためにテント小屋までありまして、演芸会、漫才や舞踊などで慰めていただきました。出発時間を放送してくださるのでゆっくりと休むことが出来ました。出演者は福岡の大学生だとか。

今では、私の末の娘も福岡市で三人の母親として毎日忙しそうです。私も福岡で、戦後の焼け野原を見ているので、今の大都会ぶりには驚くばかりです。激動の昭和も終わり平成元年と新しい出発。昭和二十一年引揚当時の私たちの姿を見て、共に泣いてくれた友も亡くなりました。私も高齢です。思い出すのもつらいことですが、二度とあってはならぬ出来事を、若い人々に平和の国を続けるように祈りながら、平和で楽しく生きて行きましょう。

［たしま　しげの］

episode 14

旧満洲熱河省
しょうとく（チョントー）

承徳からの引揚

倉地弘子
Kurachi Hiroko

一、平成二十九年六月十七日、引揚体験の講演録から

◆引揚体験講演でのごあいさつ

紹介いただきました倉地弘子と申します。

昨年「引揚げ港・博多を考える集い」の会の皆さまとのご縁を頂きました。今回、突然の大役を仰せつかりまして大変力不足ではございますが、皆様の寛大なお心で、しばらくのお時間を頂きたいと願っております。どうぞよろしくお願い申し上げます。

私は昭和十年、旧満洲の奉天（現在中国の瀋陽）で生まれました。父の仕事の関係で承徳に転移いたしまして「承徳在満国

◆家族写真　父、私（３歳)、母。承徳の写真館での一枚。

民学校」に入学いたしました。

当時の生活を思い出す貴重な写真が、母の実家に四、五枚残っておりました。今回この場で役立てて「集いの会」の方が協力して下さり、用意して頂きました。これ（左上）は私の七・五・三の時の写真です。父母と一緒に写っている家族写真で、残っているのはこれ一枚だけです。こちら（左下）は母の親友が、赤ちゃんを連れて我が家に遊びに来た時の写真です。左からお手伝いさん、叔母、母、友人と赤ちゃん、私が二年生だったと思います。幸せな頃の写真です。

◆承徳の自宅での一枚　左からお手伝いさん、叔母、母。私（７歳)、母の友人。母の親友が赤ちゃんを連れて、遊びに来たときの写真。

二、終戦、ソ連兵

昭和二十年八月に、母と叔母（母の妹）と私の三人は「ソ連軍が侵入して来るから、一時避難するように」と追われるように家を出て、再び我が家に帰ることは出来ませんでした。行き先不明のまま、荷物同様に詰め込まれた汽車で「錦州」の駅までたどり着いたとき、ホームに沢山の軍人がうなだれて座り込んでいる光景を見て、子供心に「元気のない兵隊さんだなー」と思ったのですが、避難途中の汽車の中で終戦を知らされました。母たち大人の動揺は激しく大騒ぎになり、ただただぼうぜんと立ちすくんでいました。

この先汽車も動かず、当てもなく、とにかく降ろされて錦州の女学校に収容され、教室での集団生活が始まりました。終戦になって多くの軍人が殺されたらしい、各地で暴動が起き、大変なことになっている、といろんな噂が広がりました。

召集されている父の生死もわからず、とにかく何でもいい、今の生活に役立つもの、空き缶、飯ごう、鉄兜など、与えられるコウリャンのお粥を入れる器になるようなものを私達は拾い回っていました。

運動場には、軍馬が二、三頭ふらふらと歩き回っているんです。お爺さんたちが「あれは餌を与えたり世話をしてくれる兵隊さんがいなくなったからだ」と話していました。そのお爺さんたちが、時々、拾ってきた洗面器で炊いたおかゆを食べさせてくれるのです。飢えを忍ぶために仕方のないことだったのでしょうが、食糧倉庫に忍び込み棒の先をとがらせて袋に差し込み、せしめてきたコウリャンだったようです。

不思議ですが、今でもその時の洗面器の形と色を時々思い出すのです。頂いたお粥が美味しかったのでしょうね。本当に毎日が人間も馬も飢えに苦しみ、その上暑さと不衛生な集団生活で、虱にも懲らしめられました。

運動場で遊んでいますと、突然「ソ連兵が来るぞ、皆、教室の中に入れ」と叫ばれ慌てて中に入り、母はリュックとリュックの間に当時十八歳だった自分の妹をかがませ、上から毛布をかぶせて隠し、荷物の上に座っているふりをし、私を前に抱き寄せました。皆ひっそりと息をひそめ、言い知れぬ恐怖におびえ震えながら立ち去るのを待つのです。そんなことが度々ありました。

ドアに鍵をかけているのですが、何のことはなく、大きな長靴でけり破って侵入し、時計等を略奪し、腕に二、三個の時計を付け、次々と教室を回りめぼしいものを奪って行きました。

三、引揚

そんな日がどのくらい続いたか覚えていませんが、寒くなる前だったと思います。大人たちは立ち上がり、集団生活に見切りを付け、十人あまりの仲間で民家の二階を借りて、豆腐や焼き芋を作り、売り歩いて日銭を稼ぎ、「とにかく、みんなで日本に帰ろう」「絶対みんなで日本に帰ろう」と励まし合って頑張りました。翌春の春ごろ、引揚船が出るとの話でもちきりになり、大人はみな身分証明書のような腕章が与えられました。帰れる日を楽しみに古里の話に花が咲き、お互い帰国後の住所を布に書いてもらい引揚の日を楽しみに待っていました。

そんな時、大変なことに母の上着が盗まれました。袖に大事な腕章を付けたままでしたので、日本に帰るための大切な証明になる、今でいうパスポートが無くなったのです。「もう、引揚船に乗れない」と涙を流した母のもとに仲間が集まって知恵を絞った末、偽造腕章が出来上がりました。当時ほとんどが、このような布で手作りの腕章でしたが、母の偽造腕章には役所の印字がありません。木片に朱肉を付けただけのものです。

いよいよ引揚が始まり、錦州からコロ島へ貨車で移動しました。コロ島の収容所や港には、引揚船を待つ人、人、人でもう大変な大混雑。「進め……」「止まれ……」と何度もの検問をくぐりぬけ、母の偽造腕章は幸いにばれることなく、やっとの思いで乗船し、満洲を離れることが出来ました。硬い船底の船室の中は満杯で、足を延ばすようなスペースはまったく無いほどの込み合いでしたが、みんな安心しきった安どの顔で、心身ともに休むことが出来ました。みんな、眠りこけて爆睡でした。

何日航海して、博多港の沖に着いたのかは覚えていませんが、博多の灯が遠くに見える沖合で三日足止めされ、ようやく上陸することが出来ました。難民の大行列はＤＤＴを身体の隅々まで容赦なく吹きかけられました。箱崎埠頭あたりだったと思いますが、引揚者のための収容所「松原寮」へと難民の行進が続きます。

◆ブローチ

◆父との再会

収容所の近くで、その行列を一人も見逃すまいと必死で人探しをしている人を見て、叔母が「あっ、兄さんが」と大声を上げました。その瞬間、私は父に抱き上げられていました。ドラマのような再会でした。

召集されていた父の方が先に帰国していて、ラジオで「引揚船が博多港へ」のニュースを聞き、探しに来たとのことでした。母は、ただ涙、涙で言葉が出ませんでした。

検閲、健康診断など終えて、帰郷する前に父が食料を買い求めるため、博多の闇市に連れて行ってくれました。いろんなガラクタのようなものを売っているところで父の目に留まったのでしょうか、可愛いブローチを買ってくれました。

今日は父に、引揚体験を講演させていただくので会場に「一緒に行こうね」と語りかけ、七十年ぶりに胸に付けて参りました。このブローチが父からの最後のプレゼントになりました。

四、帰国から

両親と叔母と私の四人は、対馬の母の実家に身を寄せました。親戚の二階を間借りして、やっと家族三人の生活が始まりましたが、この幸せはわずか九ヵ月しか続きませんでした。召集され帰国するまでの父は、極度の疲労にむしばまれていたのでしょうか。

空腹を満たすこともなく、薬もなく風邪がもとで帰らぬ人となりました。病床にあってお見舞いにわずかな米とか卵を二、三個持ってきてくださるのです。これこそ金の卵だったと思います。父は「俺はいいから、弘子に食べさせてくれ」と母に頼み、涙しながら亡くなりました。

その後の母の苦労は大変だったと思います。振り返ってみて、母との会話に引揚げや父が亡くなった後の苦労話をあまりしたがりませんでしたが、何度か「いつか承徳に行こうね」「行きたいね」と懐かしそうに言っておりました。すべてを失い気丈に頑張り守ってくれた母は、平成二年七十八歳で亡くなりました。

五、承徳の家

母が亡くなった二年後、平成四年に中国の承徳に行く旅行に友人から誘われ、四十七年ぶりに昔の

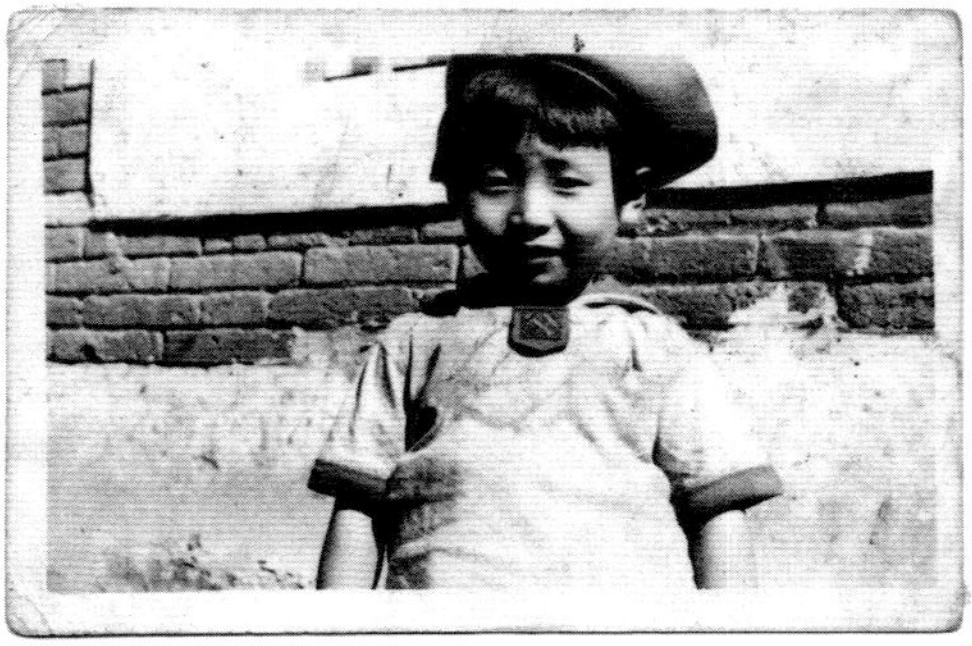

◆78年前の承徳　背景の煉瓦が同じです。
［昭和14年／撮影：井上辰三（父）］

◆47年ぶりの承徳　残っていた我が家。
［平成４年５月22日／撮影：倉地三郎（夫）］

我が家を探し出すことが出来ました。外壁や窓は、昔のまま変わらず、驚き・・・懐かしさ、母を連れて来られなかった後悔・・・ただただ呆然と立ちすくみました。

背景の朽ち果てたような窓は昔の我が家。私が幼少の頃、この窓の前で写った写真が残っていました。通訳の方を同伴でしたので、交渉して頂き、中に入ることが出来ましたが、中は当時の影も形も無く、現在住んでいらっしゃる優しそうな老夫婦に、お茶をよばれながら、当時の話をいろいろと聞くことが出来ました。

日本人皆が避難した後、我先にと大変な暴動が起き、すべてはぎとられ柱と壁しか残らなかったそうです。老夫婦のお部屋は一間だけで、我が家の床の間があった和室だったなー、と思いました。庭には煉瓦造りの建物などが出来ていて今は六、七世帯ほど入居しているとのことでした。

お爺さんがついて来て下さり、私が通っていた小学校を案内して下さいました。翌日は、当時友達とよく通ってスケートを楽しんでいた避暑山荘、どこからでも見える棒槌山など、懐かしい所をいろいろと観光することが出来、改めて母を連れて来られなか

◆**棒槌山**　承徳の名勝で、男岩と女岩がある。［平成４年５月23日／撮影：倉地三郎］

ったことを悔やみました。

この旅行をきっかけに、私の中にある記憶が薄れる前に、何か書き残しておきたいとの思いにかきたてられ、平成七年に福岡県が「戦後五十周年に寄せて」「私の戦争体験記」募集する新聞記事を見て、引揚時の悲惨な思いを投稿いたしました。

その後、福岡市が平成十年に「引揚関係資料」の提供を呼びかけられていることを知り、当時を伝える役に立てればと思い、父母の形見となった偽造腕章、仲間の住所録、父の従軍証明書、予防接種証明書などの資料を数点、福岡市に提供いたしました。

昨年、引揚から七十年を機に二日市中学校、野間中学校の生徒さん達から、引揚体験談を取材させてほしいとの紹介を「集いの会」の方からいただき、中学生の皆さんから取材を受ける機会を頂きました。

◆『敗戦・引揚げの慟哭』

その際、引揚時の写真集があればより分かりやすくなるだろうと「集いの会」の方が図書館から、飯山達雄さんの写真集「敗戦・引揚げの慟哭」という本を借りて来て下さいました。当時を偲びながら繰り返し、繰り返しページをめくっていて、その写真集の中に、なんと「母、叔母、私が写っている」ところを見つけ出し驚愕しました。体が震え、血の気が下がっていくのを感じました。偽造腕章で何度もの検問をくぐりぬけ、やっとの思いで引揚船に乗り込み、コロ島を出港した直後の写真でした。

母が心底、ほっと安心出来た瞬間だったのだと思いました。七十年前の母との再会です。「ここよ……。ここにいるよ」と母が呼びかけてくれたような気がしました。

六、未来へ

今回、中学生の皆さんが「引揚」を課題にするきっかけになったのは、学校で引揚に関しての授業が全くなく「引揚って、なんのこと?」から始まったとのことでした。いろいろ調べた結果「二日市中学校、平和集会実行委員会」「野間中学校、放送部」の皆さんから「今、私たちが引揚体験者から体験談を聞ける最後の年代になるだろう」ということで、本当に熱心な取材をして頂きました。きらきらと輝いた、中学生の方々との一時は最高に楽しく、貴重な時間を頂きました。

◆**アミカスでの講演風景**［平成29年 6 月17日］

◆**「引揚げ港・博多港を考える集い」の世話人**　左から松崎直子、倉地弘子、江上邦一、田中仁美、盛田芳子、熊谷佳子、堀田広治。［平成29年／倉地邸］

「引揚げ港・博多を考える集い」の皆さんが長きにわたって引揚の記憶を伝える冊子作りや市への請願、アクロス福岡での引揚展示会等々、いろいろな活動をなさって下さり「集いの会」の皆様との出会いに沢山の感動を頂きました。いま「集い」の皆様と「あれから七十年」という本の作成会合に参加させて頂き楽しく頑張っております。一昨年八月は終戦七十周年でした。昨年の五月、私が博多港に引揚げてきて七十年になり、今年の三月は父の七十回忌を迎えました。

「あれから七十年」

「これから私たちが、引揚の記憶を語り継ぐ役目を担う」と、二日市中学校や野間中学校の生徒さんたちに力強い平和宣言を見聞させていただきました。

語り継いでくださる、若者が大勢いて下さることに感謝し、本当に安堵いたしました。

今後、未来への歩みも大切ですが、そのためにも過去の「福岡大空襲」や「引揚港・博多」などの悲惨な現実を繰り返すことのないため、写真、参考資料等を一堂に展示できる施設が福岡市にできればと、切に願っています。本日は、私のつたない話を聞いていただきありがとうございました。

［くらち　ひろこ］

＊本稿は二〇一七年六月一七日「六・一九福岡大空襲を記憶し平和を祈念する第三六回平和のための福岡女性のつどい」の講演録より掲載。

episode *I5*

朝鮮半島京畿道

京城《けいじょう》（キョンソン）からの引揚

七百万分の一の引揚体験

森下昭子
Morishita Akiko

「韓の荒野に植え初めし、撫子草の生い先を……」明治四十一年（一九〇八）、私の女学校の開校を祝った歌である。政府は日韓合併を前に各分野の日本人を送り込んだが、私の父も、この年、教育者として京城（現ソウル）へ派遣された。母も小学校へ勤め、私も十八歳まで京城で生まれ育った。

昭和二十年（一九四五）、京城女子師範に在籍していた私は、大学病院の看護動員を終え、男子教員出征の穴埋めで朝鮮半島北部の小学校に教育動員されていた。夏休みに入り、兄の出征を見送る為に京城の自宅へ帰っていたが、八月十五日、再び動員先の朝鮮半島北部にもどる予定だった。

切符を頼んでいた友人の父は、鉄道の文書課長だったので、立場上すでに敗戦も、朝鮮が三十八度線で分断されることも知っていた。敗戦後一人北上する私の身を案じ「発車予定が立っていない」「も

◆**京城第一高等女学校集合写真**　朝鮮神宮の前で。［昭和18年］

う一時間待て」「十二時の重大放送を聞け」と私の足を止めた。

「玉音放送」は雑音で聞き取れなかったが「堪え難きを堪え、忍び難きを忍び―」だけが妙に耳に残った。とにかく戦争は終わった。だが、朝鮮を外国と思わずに育った私には、まだ「日本人引揚」の実感は湧かなかった。後に朝鮮半島北部からの悲惨な引揚体験を聞くにつけ、あの時汽車に乗らなかった事が、私の運命を分けたかも知れないと思った。

翌十六日学校へ行った。校庭には、戦争中日本によって投獄されていた思想犯の人達が、青白い顔に髭ぼうぼうで、韓国旗を手に「マンセー、マンセー」と叫びながらに入って来た。

教室は重い空気に包まれ、何とも言えぬうめきに似たすすり泣きが流れた。

その時、窓から手を振っていたクラスただ一人

◆コスモス

の朝鮮の同級生が叫んだ。「貴女達なぜ泣くの!! 今まで私達の国を取り私達を苦しめて来たのに!」後は一層激しくなった泣き声によってかき消された。

この日で学校は閉鎖。軍隊に守られて集団下校する我々に、朝鮮の子供達が石を投げた。民族の歴史も文化も否定し、言葉や名前まで奪い、人権さえ踏みにじって来た日本の植民地支配への、恨みの深さを思い知らされた。

その年の十月、厳冬を前にして、朝鮮半島北部にいる父の消息もつかめぬまま、母姉私の女家族は一足先に引揚げることになった。復員した兄の案内で軍港鎮海へ向けて京城を発った。

許された五十キロ二箇の荷物も駅で積めなくなり、結局リュック一つで貨車に詰め込まれた。途中駅でない所で長く停車する事もあり、そんな時は襲撃を恐れながらも、一斉に叢に用足しに駆け込む。沿線に延々と続くコスモスの鮮やかな色が今も目

◆**京城日本人小学校**　後列中央に父。［明治39年］

に焼きついている。

鎮海で船待ち十日。やっと乗船の日が来た。幾列にも並ばされ持ち物すべてを並べて検査を受ける。米兵は和服等好んで故国へのみやげに取り上げた。赤ん坊を抱き背にリュック、両手に幼児や老人の手を引く人達にとって、荷物検査や長時間の行列は苛酷だった。私は米と塩と鍋と、持てるだけの衣類をかつぎ、やっとの思いで「光済丸」千五百トンの甲板に、座るだけのスペースを得た。

昭和二十年十月二十九日午前十時、船は博多港に入港、初めて見る祖国の海の青、山の緑が目に沁む。しかし港から見た町は一面の瓦礫の山。空襲で焼けただれた死の町を、引揚者ばかりが葬列のように焼け残った博多駅に向う。故郷糸島に向う筑肥線にも枕崎台風の爪痕が残り、干された洗濯物のみじめだったこと。帰り着いた故郷波多江の父の家も水害で荒れていた。ああ、これが祖国

◆博多港引揚記念モニュメント「那の津往還」正面
豊福知徳氏制作、平成８年建立。[平成29年４月／提供：遠藤薫]

か！　夢に見た内地のイメージは、砕かれた。だが、とにかく安心して眠られる場所を得て、以後三十七年の教員生活を送る出発点となった。

今、私の手元に「波多江」と書かれたボロボロの手縫のバッグがある。後年行政の長だった父は、戦後朝鮮半島北部で捕われ、極寒の獄に一冬を耐えた。釈放後、残っていた邦人を引き連れて命がけで朝鮮半島の三十八度線を越えたようだ。昭和二十一年五月の夕暮に突然幽霊のように戸口を入って来た父に、母はしがみついて泣いた。その後獄中でもらって来た介癬や腸炎に苦しんだ父は、敗戦後の苦難を語らぬまま、八十三歳で他界した。

平成四年（一九九二）から「引揚げ港・博多を考える集い」を中心に、引揚の歴史を残そうという市民運動が拡がり、福岡市も戦後五十年に博多港中央埠頭の埋立地に記念碑を建てる事になった。

◆博多港引揚記念碑　桑原敬一福岡市長の銘文。平成８年建立。

博多は全国一の引揚送出港、短期間に百四十万の邦人が引揚げ、五十万余の徴用労働者等が朝鮮半島や大陸に船出した民族大移動の舞台であった。国民や近隣諸国の民を巻き込んだ戦争の悲惨さと平和の尊さを、不戦の誓いを込めて語り継ぐ資料館建設運動はまだ続いている。

中国残留孤児の引揚はまだ終っていない。

［もりした　あきこ］

＊引揚げ港・博多を考える集い『戦後五〇年 引揚げを憶う』（平成七年［一九九五］五月）から転載。

◆「京城第一高等女学校」制服・制帽　着用の私。［昭和13年頃］

あとがき

堀田広治《Horita Hiroji》

戦後七十三年を迎え、今や日本は戦後世代の社会となりました。戦争を知る世代はすでに人口の二十％を切っています。

「引揚げ港・博多を考える集い」では、集中的に引揚が行われた昭和二十一年（一九四六）から七十周年を迎えた一昨年、展示会「あれから七十年―博多港引揚を考える」を開催しました。忘れ去られようとしている博多港引揚の歴史を思い起こし、改めて平和の尊さや戦争の悲惨さを考えていただきたいと思ったからです。

今回の体験記は、戦後引揚の歴史を現代史のブラックボックスに閉じ込めてしまってはいけない、との強い思いから編み出されました。原稿を寄せていただいた十五人の体験は、今では想像もできない過酷なものでした。

この体験記を機に、あの時代に当時の人口の一割にも相当する日本人が朝鮮半島や旧満州など、アジア各国になぜ存在していたのか、考えていただければ幸甚です。

平成三十年四月三十日

「引揚げ港・博多を考える集い」事務局長［ほりた ひろじ］

あれから七十三年
十五人の戦後引揚体験記

ISBN 978-4-901346-63-4

平成三十年（二〇一八）六月十九日　初版第一刷発行

編纂　引揚げ港・博多を考える集い
監修　堀田広治
発行者　遠藤順子
発行所　図書出版のぶ工房
〒八一〇―〇〇三三　福岡市中央区小笹一丁目十五番十号三〇一
電話　福岡（〇九二）五三一―六三五三　郵便振替　〇一七一〇―七―四三〇二八
印刷所　オムロプリント株式会社
製本所　有限会社長崎紙工

＊表示価格は本体価格（税別）です。定価は、本体価格＋税となります。

九州アーカイブズ A ［写真集］

博多港引揚

ISBN 978-4-901346-30-6

引揚者援護に関わった人々の活動と、福岡市「ふくふくプラザ」展示の引揚者資料を紹介。
繁栄の象徴ともいえる一大コンベンションゾーンを成し国際旅客数日本一を誇る博多港中央埠頭が、日本有数の引揚港であったことを、ご存知だろうか。戦前と昭和二十年代の写真とともに、どのような人々の苦難と努力があったのかを知る一冊。

A４判／並製本／一二八頁

本体二二〇〇円

九州アーカイブズ B ［写真集］

あれから七十年

ISBN 978-4-901346-31-3

三宅一美氏と日本人世話会による釜山港での活動の記録と、米国立公文書館写真を紹介。
博多港は、戦後に満州、朝鮮半島ほか海外から引揚邦人百三十九万人、また五十一万人の外国人を送出、輸送人員計百九十万人を数える。平成二十八年にアクロス福岡で開催された「あれから七十年」の記録から引揚体験、未来へ語り継ぐ若者達の活動等をまとめた。

A４判／並製本／一二八頁

本体二二〇〇円

＊小社出版物が店頭にない場合には「**地方小出版流通センター扱い**」と、御指定の上、最寄りの書店にご注文ください。なお、お急ぎの際は、小社宛に、ご注文いただけましたら、代金後払いにて、お送りいたします。
（送料は一律二〇〇円。定価総額二〇〇〇円以上は不要）